KB038360

평등에
숨겨진 이야기

평등에
숨겨진 이야기

2023년 6월 27일 초판 1쇄 발행
2025년 1월 20일 초판 3쇄 발행

글 | 황규성

책임편집 | 김세라
디자인 | 김다솜
표지 그림 | 김휘승
마케팅 | 김선민
관리 | 장수대
인쇄 | 정우피앤피
제책 | 바다제책

펴낸이 | 김완중
펴낸곳 | 내일을여는책

출판등록 | 1993년 01월 06일(등록번호 제475-9301)
주소 | 전라북도 장수군 장수읍 송학로 93-9(19호)
전화 | (063) 353-2289
팩스 | (0303) 3440-2289
전자우편 | wan-doll@hanmail.net
블로그 | blog.naver.com/dddoll

ISBN | 978-89-7746-885-6 43300

평등이 행복의 열쇠다

평등에
숨겨진 이야기

| 글 황규성 |

내일을여는책

들어가는 말   9

1장 | **평등이 뭐예요?**

이런 게 평등이라고요? - 잘못된 평등 개념   12

평등이 도대체 무엇인가요? - 기회와 결과   14

평등의 참뜻은 무엇인가요? - 동등한 자유   16

불평등은 왜 생기나요? - 희소가치, 기회, 제도   21

어떤 세상이 평등한 세상인가요? - 누구나 사람답게 사는 세상   27

2장 | **우리나라의 불평등, 어디가 아픈가요?**

너는 어떤 숟가락으로 밥 먹니? - 계급과 계층   32

너는 어느 대학 나왔니? - 교육 불평등   35

너희 집, 돈 많아? - 소득 불평등과 빈곤   41

너는 어떤 집에서 사니? - 주거 불평등   46

너는 어디에 사니? - 지역 격차   51

너는 언제 태어났니? 너는 성별이 뭐니? - 세대와 젠더   53

불평등은 따로따로 아니니? - 다중격차   58

목차

3장 | **왜 이렇게 불평등해졌나요?**

불평등은 언제나 있지 않나요? - 불평등의 역사성   62

예전에는 어땠나요? - 고성장의 빛과 그림자   66

요즘에는 어떤가요? - 외환위기 이후의 불평등   74

교육 불평등은 왜 심해졌나요? - 서열화와 자유화   81

민주주의가 발전하면 해결되지 않나요? - 허당 경제민주주의   86

사람들 마음씨가 착하면 되지 않나요? - 목소리 격차   91

4장 | **불평등이 정당하다고요?**

불평등은 눈에 잘 보인다? - 불평등 가면 벗기기   95

세상은 원래 불평등한 거야? - 숙명론   100

나는 너희와 다르다? - 구별 짓기   102

위아래는 어디에나 있다? - 서열주의   105

이건 정당한 구별이야? - 차별주의   109

열심히 안 하니까 못사는 거다? - 노력주의   113

문제 맞히는 게 능력이다? - 시험 만능주의   116

개천에서 용 난다? - 예외의 일반화   122

뛰어난 소수가 나라를 구한다? - 엘리트주의   125

내 건데 왜 뺏어? - 기득권 지키기   130

5장 | **불평등한 사회는 어떻게 되나요?**

이기면 몽땅 가져가요 - 승자독식 사회   135

딱딱하게 굳어요 - 동맥경화 사회   138

갈라져요 - 균열 사회   141

24시간이 모자라요 - 시간 부족 사회   145

너그럽지 못해요 - 관용 결핍 사회   148

서로 믿지 못해요 - 불신 사회   150

서로를 밀쳐내요 - 배척 사회   154

꿈이 가물어가요 - 희망 빈곤 사회   160

돈이 있어도 행복하지 않아요 - 불행한 선진국   164

늪에 빠져요 - 똑똑한 바보들의 세상   169

나라가 위험해요 - 흔들리는 나라   174

6장 | **무엇을 해야 할까요?**

앞으로 어떤 세상이 될까요? - 미래의 불평등   176

각자 알아서 잘살면 되지 않나요? - 공공성 바로 세우기   179

근본적인 처방이 있나요? - 희소가치 줄이기   184

나라는 무얼 해야 하나요? - 국가의 역할   187

국가가 하면 다 되나요? - 모두의 책임   194

우리는 무엇을 해야 하나요? - 참여 민주주의   199

평등한 세상을 그려 봐요!   203

나오는 말   209

숲에는 나무들이 있습니다. 같은 숲에 뿌리를 내리고 있어도 무성하게 자라는 나무가 있고 앙상하게 말라비틀어지는 나무가 있습니다. 윤기가 흐르는 땅에서 따스한 햇볕을 받으며 자란 나무에는 탐스러운 열매가 열립니다. 키 큰 나무들이 넓은 잎으로 하늘을 가리면 키 작은 나무들은 햇볕을 받지 못합니다. 음지에 자리 잡은 나무에는 열매가 달리지 않습니다.

서울의 어느 고등학교 교무부장은 같은 학교에 다니는 딸들에게 시험지를 빼돌렸습니다. 시험지를 미리 받아본 학생 때문에 등급이 밀린 학생이 있습니다. 열매가 달릴 곳에 눈물이 맺힙니다.

특권층의 삐뚤어진 행동은 불평등한 현실의 일부에 불

과합니다. 우리는 그보다 훨씬 거대한 불평등의 숲에서 살아가고 있습니다. 밑동이 굵고 키 큰 나무들이 햇볕을 독차지합니다. 가녀린 나무들은 손톱만 한 틈새로 떨어지는 한 줄기 빛을 찾아 힘겹게 가지를 내밉니다. 그래도 열매를 맺기 어렵습니다. 대한민국 불평등의 풍경화입니다. 음지에서 자라는 나무 한 그루, 풀 한 포기도 그 숲의 주인입니다. 온갖 나무며 들풀이 모두 어울려 살아가는 숲이 건강합니다. 강자들이 햇볕을 독점하는 세상, 특권층의 반칙이 평범한 사람의 꿈을 빼앗는 세상은 건강하지 않습니다. 약자에게 눈물을 심는 세상도 옳지 않습니다.

이 책은 우리나라의 불평등을 고발합니다. 고발장은 여러 연필로 쓸 수 있지만 생태계의 눈으로 쓰려고 합니다. 불평등에도 생태계가 있습니다. 햇볕을 독차지하려는 큰 나무들을 생태계 교란죄로 고발할 수 있습니다. 하지만 그 나무 한 그루를 베어내도 숲은 남아 있습니다. 나무 한 그루가 아니라 숲을 바꾸어야 합니다. 숲의 체질이 바뀌지 않으면 여러 나무가 어울려 살기 어렵습니다.

불평등의 생태계에 눈길을 두는 이유는 하나 더 있습니다. 숨이 턱까지 차오를 때까지 내달려도 좌절하는 평범한 서민들은 죄가 없습니다. '헬조선'으로 분노를 뱉어내는 청년도 무죄입니다. 정작 유죄를 선고받아야 하는 것은 우리 사회입니다.

햇볕이 골고루 쏟아지는 숲을 상상합니다. 메마른 땅에 평등이라는 광천수가 콸콸 솟구치는 풍경을 그려 봅니다. 청소년 여러분이 이 책을 읽고 나서 나름대로 평등한 세상을 그려 본다면 이보다 더 뿌듯한 일은 없을 것입니다.

평등이 뭐예요?

이런 게 평등이라고요? - 잘못된 평등 개념

인터넷에서 '평등'을 보여주는 야구장 그림을 본 적이 있나요? 옆 면 그림입니다. '평등' '형평' '현실' '해방'으로 표시된 네 장면이 나옵니다.

왼쪽 아래에 '현실'이라고 표시된 그림은 불평등한 상태를 나타냅니다. 왼쪽 사람은 받침대를 7개 쌓아 놓고 경기를 훤히 내려다봅니다. 가운데 사람은 받침대 1개를 놓고 턱걸이로 봅니다. 세 번째 사람은 키도 작고 담장도 높아 경기를 못 봅니다. 불평등합니다.

왼쪽 위에 '평등'이라고 표시된 장면에서는 세 사람이

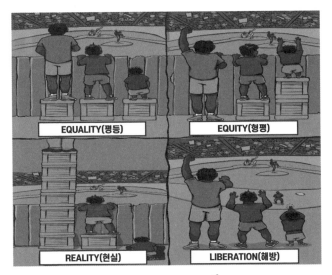

[평등에 관한 잘못된 그림][1]

모두 똑같이 받침대 하나를 딛고 올라가 있습니다. 두 사람은 경기를 볼 수 있고 키 작은 한 사람은 못 봅니다. 역시 불평등합니다.

오른쪽 위에 '형평'이라고 표시된 장면에서는 중간키 사람은 받침대 한 개, 키 작은 사람은 받침대 두 개에 올라서서 모두 경기를 볼 수 있습니다. 평등한 상태가 되었습니다.

---

1 Craig Froehle의 원작(2012년)을 2016년 IISC(Interaction Institute for Social Change)가 Angus Maguire에 의뢰하여 다시 그린 그림.

오른쪽 아래에 '해방'이라고 표시된 그림에는 담장 자체가 없습니다. 속이 시원하게 시야가 확 트였습니다. 세 사람은 키가 다르지만 담장이 없으니까 모두 경기를 볼 수 있습니다.

그림은 현실을 쉽게 이해할 수 있게 해줍니다. 하지만 자칫하면 오해를 낳을 수도 있습니다. 이 그림이 그렇습니다. 야구장 그림은 잘못되었습니다. 왜 그럴까요?

평등이 도대체 무엇인가요? – 기회와 결과

원하는 사람은 많은데 모두가 그만큼 얻을 수 없는 것들이 있습니다. 이것을 희소가치라고 부릅니다. 희소가치는 상황에 따라 다릅니다. 야구장에서 경기를 직관하고 싶은 사람이 많은데 경기장 수용인원이 그보다 적으면 경기관람이 희소가치입니다.

평등과 불평등의 개념은 희소가치에서 나옵니다. 평등에는 두 가지 뜻이 있습니다. 하나는 희소가치가 배분된 상태를 말합니다. 야구장에서는 누가 경기를 직관하느냐로 평등을 파악하는 것입니다. 이것이 결과의 평등입니다. 다른 하나는 기회의 균등입니다. 희소가치에 다가설

가능성이 고르게 주어져 있으면 기회균등이 실현된 상태입니다. 경기장이 집에서 가깝거나 입장료 정도는 충분히 낼 수 있는 사람이 있습니다. 반면에 경기장이 집에서 멀거나 입장료가 부담되는 사람도 있습니다. 야구장에서 경기를 직관할 가능성이 다릅니다. 이렇게 평등은 '결과'로 볼 수도 있고 '기회'로 볼 수도 있습니다.

평등의 개념을 익혔으니 이제 야구장 그림에서 무엇이 잘못되었는지 알아볼까요? 우선 결과의 평등을 잘못 이해했습니다. 네 장면 중에서 어떤 것이 결과의 평등이 실현된 상태일까요? 세 사람 모두 경기를 보고 있는 '형평'과 '해방'으로 표시된 장면입니다. 왼쪽 위에 '평등'으로 표시된 그림에서 두 사람은 경기를 보고 있지만 한 사람은 못 봅니다. 불평등합니다. 이 그림은 불평등을 평등으로 둔갑시켰습니다. 어이 상실입니다.

이는 희소가치를 오해했기 때문입니다. 야구장에서 희소가치는 받침대가 아니라 경기관람입니다. 받침대는 수단일 뿐인데 수단을 희소가치로 잘못 파악했습니다. 헛다리를 짚은 겁니다. 설령 받침대를 희소가치로 보아도 틀렸습니다. 이 그림의 작가는 받침대를 하나씩 가진 상태를 평등으로 생각한 모양입니다. 같은 몫을 기계적으로 똑같이 나누는 것을 평등으로 생각한다면 평등을 너무 싸구려로 취급하는 겁니다. 평등은 그런 게 아닙니다.

이 그림이 평등을 제대로 보여주지 못하는 이유는 하나 더 있습니다. 그림에 나오는 세 사람은 모두 경기장에 입장한 사람입니다. 그런데 경기를 보고 싶어도 야구장에 들어가지 못한 사람도 있을 겁니다. 이런 사람들까지 그림에 넣어야 평등을 온전하게 생각할 수 있습니다. 그런데 야구장 그림에서는 기회균등 개념을 아예 빠뜨렸습니다. 야구장 그림은 이래저래 엉터리입니다.

평등의 참뜻은 무엇인가요? – 동등한 자유

유치원에서 '의자놀이'를 해본 적이 있을 겁니다. 열 사람이 있는데 의자는 아홉 개뿐입니다. 선생님이 호루라기를 불면 재빨리 의자에 앉아야 합니다. 의자를 차지하지 못한 한 명은 탈락합니다. 다시 아홉 명이 의자 여덟 개를 놓고 게임을 합니다. 이렇게 게임을 반복하면 결국 한 사람이 마지막으로 남은 의자를 차지합니다. 놀이의 결과에 따라 문화상품권을 받습니다. 1등은 만 원, 2등은 5,000원, 3등은 3,000원입니다. 의자놀이는 친구들과 즐겁게 하는

놀이일 뿐입니다. 처음에 떨어지면 상품권을 못 받으니 아쉽고 속은 상하지만 그뿐입니다. 깔깔대며 놀았으니 그것만으로도 좋습니다. 그런데 현실이 의자놀이 같다면 이야기가 달라집니다.

가상의 상황을 그려볼게요. 한국중학교에 다니는 친구 세 명이 '노트르담 드 파리'를 보고 감동해 뮤지컬 배우를 꿈꾸게 되었습니다. 뮤지컬 배우가 되려고 예술고등학교에 들어갈 결심을 합니다. 노래, 춤, 연기를 모두 배워야 합니다. 그런데 세 학생은 형편에 차이가 있습니다. 가난한 집 학생 A는 세 학원에 모두 다닐 형편이 되지 않습니다. 결국 뮤지컬 배우의 꿈을 접고 졸업하자마자 취업하기 좋은 특성화고등학교에 들어갑니다. 학생 B는 사정이 좀 낫습니다. 노래와 춤 학원은 다닙니다. 하지만 연기학원에는 등록하지 못합니다. 부잣집 학생 C는 세 학원에 모두 다닙니다. 결국 예술고 실기전형에서 학생 B는 탈락하고 일반 고등학교에 갑니다. 학생 C는 우수한 성적으로 예술고에 진학합니다.

여기에서 자유와 평등 개념을 생각해 볼 수 있습니다. 자유에는 소극적 자유와 적극적 자유가 있습니다. 소극적 자유는 제약이나 속박이 없는 상태를 말합니다. 나를 구

속했던 무언가에서 벗어났을 때 '나는 자유다'라고 하지요. 시험이 없는 학기를 자유학기제라고 부르기도 합니다. 시험이 굴레는 굴레인가 봅니다. 소극적 자유는 이렇게 나를 옭아매는 속박에서 벗어난다는 의미입니다. 반면에 적극적 자유는 원하는 것을 이룰 수 있는 상태를 뜻합니다. 뮤지컬 배우가 되려고 예술고에 들어가고 싶은 학생들이 실제로 꿈을 이룰 가능성을 가지느냐로 보는 것입니다. 소극적 자유와 적극적 자유를 합쳐볼까요? 자유는 굴레에서 벗어나 뜻하는 바를 이룰 수 있는 상태를 말합니다.

소극적 자유와 적극적 자유는 이렇게 구별할 수 있지만 서로 밀접한 관련이 있습니다. 소극적 자유가 보장되지 않으면 뜻을 펼칠 적극적 자유를 실현하기 어렵기 때문입니다. 의자놀이를 유치원 현장학습에서 하는데 현장학습비를 내지 못한 어린이는 게임에 참여할 수 없습니다. 애당초 의자놀이에 참여하지 못하는 어린이도 있는 겁니다. 현장학습비를 내고 의자놀이에 참여해도 첫 번째 게임에서 탈락하면 다음 게임에 나설 기회가 없어집니다.

뮤지컬 배우가 되고 싶은 세 학생은 소극적 자유에서 차이가 있습니다. 학생 A는 제약이 많고, 학생 B는 좀 덜

하고, 학생 C는 제약에서 자유롭습니다. 학생 C는 예술고에 가는 데 필요한 모든 것을 배울 수 있었고 다른 친구 두 명은 그렇지 못했으니까요. 소극적 자유의 차이가 적극적 자유에 차이를 가져왔습니다.

평등은 동등한 자유입니다. 모두가 제약에서 벗어나 뜻을 펼칠 수 있으면 평등이 실현된 상태입니다. 반대로 누구는 제약 없이 맘껏 원하는 바를 추구할 수 있는데 다른 누구는 속박에 갇혀 뜻을 펼칠 수 없다면 불평등한 상태입니다.

그런데 겉으로는 평등해 보여도 실제로는 불평등한 경우가 많습니다. 축구 경기에서 강팀과 약팀이 붙어도 승부는 단언할 수 없다고 할 때 공은 둥글다고 합니다. 그러나 공이 둥글어도 운동장이 기울어져 있으면 약팀은 고전을 면치 못합니다. 마찬가지로 예술고에 입학할 자격이 학생 A, B, C에 모두 주어져 있다면 형식적으로 평등해 보입니다. 그러나 실제로는 불평등합니다. 자유를 누리는 조건이 다르기 때문입니다.

그래서 실질적 평등이 중요합니다. 실질적 평등은 모두에게 동등한 자유를 보장하는 것입니다. 유치원에 다니는 어린이들이 모두 현장학습비를 내고 의자놀이에 참여할

수 있으면 평등합니다. A, B, C 세 학생이 모두 노래며 춤
이며 연기를 배울 수 있으면 평등합니다. 실질적 평등은
기울어진 운동장을 바로 세우는 것입니다. 기회균등은 바
로 이런 뜻입니다.

이번에는 결과의 평등을 볼까요? 의자놀이에서 만 원
짜리 상품권을 타는 어린이가 있는 반면에 상품권을 못
타는 어린이가 있습니다. 뮤지컬 배우가 되고 싶은 학생
세 명 중 한 명은 꿈을 접었고, 한 명은 예술고가 아니라
일반 고등학교에 들어갔고, 한 명만 예술고에 들어갔습니
다. 결과가 불평등합니다. 그렇다면 모두에게 똑같은 결
과가 주어지는게 평등인가요? 물론 그럴 수도 있습니다.
의자놀이에 참여한 어린이가 모두 만 원짜리 상품권을 받
거나 세 학생이 모두 예술고에 들어가는 것도 결과의 평
등이 실현된 겁니다. 하지만 이건 결과의 평등 중에서도
매우 특수한 경우입니다.

결과가 똑같은 경우만 평등한 것은 아닙니다. 회사에는
신입사원부터 주임, 대리, 과장, 차장, 부장, 이사, 부사장,
사장이 있습니다. 모두 월급을 100만 원씩 받는 게 평등
이라고 보는 사람은 드물 겁니다. 일의 가치나 회사에 대
한 기여가 다르다고 생각하기 때문이지요. 결과의 평등은

그 사람의 가치나 기여에 맞게 희소가치가 배분되는 것을 뜻합니다. '동일가치노동 동일임금'이 이런 뜻입니다. 같은 일을 하면 같은 임금을 지급해야 한다는 원칙이지요. 결과의 평등은 모두가 똑같이 희소가치를 나누는 것이라기보다는 가치나 기여에 합당하게 나누는 것입니다.

불평등은 왜 생기나요? - 희소가치, 기회, 제도

불평등이 발생하는 원인은 여러 가지입니다. 우선 쉽게 떠오르는 건 개인의 재능과 노력입니다. 의자놀이에 참여한 어린이가 몸이 민첩하거나 집에서 연습을 많이 했다면 남들보다 쉽게 의자를 차지할 겁니다. 뮤지컬 배우를 꿈꾸는 학생 중에서도 절대음감을 가지고 태어났거나 연습을 열심히 한 학생이 예술고에 들어갈 확률이 높겠지요.

하지만 개인의 재능이나 노력은 불평등이 발생하는 여러 요인 중 하나일 뿐입니다. 만약에 불평등이 전적으로 개인적 차이에서 비롯된다면 불평등은 어쩔 수 없습니다. 불평등을 해결하려면 각자 열심히 노력해야 한다는 말밖에 할 말이 없습니다. 이 책도 여기에서 끝입니다. 하지만 개인이 아무리 노력해도 넘어서기 어려운 환경이나 조건이 있습니다. 이런 환경이나 조건은 개인의 뜻과는 상관없이 외부에서 개인의 선택과 행위에 영향을 미치게 됩니다. 이런 것들을 구조라고 부릅니다.

불평등에도 구조적인 요인이 있습니다. 세 가지로 나누어 보겠습니다. 우선 희소가치 자체가 불평등을 낳습니다. 야구장에서는 경기를 보려는 사람보다 적은 관람석, 의자놀이에서는 사람 수보다 적은 의자, 가상 상황에서는 뮤지컬 배우가 되려는 학생보다 적은 예술고 입학정원이 희소가치입니다. 희소가치가 사람들이 원하는 만큼 충분하지 않을 때 불평등이 발생합니다.

두 번째는 기회입니다. 원하는 사람은 많은데 모두가 원하는 만큼 가질 수 없는 똑같은 상황이라 해도 기회가 고르게 주어지지 않으면 결과는 달라질 수 있습니다. 누군가에게 기회 자체가 주어지지 않는다면 희소가치가 분배되는 과정에 참가할 수도 없습니다. 의자놀이에서 현장학습비를 내지 못해 아예 현장학습에 가지 못한 열한 번째 어린이는 기회조차 없습니다. 뮤지컬 배우가 되고 싶지만 어느 학원에도 등록할 수 없었던 학생 A도 마찬가지입니다.

세 번째는 제도입니다. 관행, 규범, 규칙, 문화 같은 것들을 통틀어 제도라고 부를 수 있습니다. 기회가 고르게 주어져도 제도에 따라 결과는 다를 수 있습니다. 의자놀이에서 상품권의 액수를 1등부터 5,000원, 3,000원, 1,000원으로 정했다면 놀이의 결과는 더 평등해지겠지요. 제도는 반드시 규칙을 뜻하는 것만은 아닙니다. 사람들의 행위나 관행도 제도에 포함됩니다. 현장학습비가 만 원인데 이 비용을 낼 수 없는 어린이가 있다면 유치원에서 현장학습비를 지원하고 의자놀이에 참여하도록 할 수도 있습니다. 예술고 입학에서도 가정형편이 넉넉하지 않은 학생들의 정원을 따로 떼어 놓고 뽑는다면 불평등은 누그러질 수 있습니다.

　지금까지는 특정 상황을 두고 얘기했으니 이제 시야를 사회 전체로 넓혀 보겠습니다. 세상에는 키가 큰 사람도 있고 작은 사람도 있고 머리가 좋은 사람도 있고 노력형인 사람도 있습니다. 하지만 '같지 않은' 모든 것을 불평등이라고 부르지는 않습니다. 우리가 이 책에서 살펴볼 불평등은 개인의 선천적인 속성에서 비롯되는 차이가 아니라 사회적 불평등입니다. 사회적 불평등이란 사회적 희소가치에 접근할 기회와 실제로 배분된 결과가 구성원 사이에 차이가 나타나는 현상을 말합니다. 개념을 하나하나 뜯어보고 불평등의 원인을 살펴보겠습니다.

사회는 두 사람 이상이 있어야 성립합니다. 사람들이 집단을 이루어 함께 모여 살아가는 곳이 사회입니다. 만약 로빈슨 크루소처럼 혼자 산다면 사회는 없습니다. 로빈슨 크루소는 사람이지만 사회구성원은 아닙니다. 사회적 불평등은 사회구성원을 전제로 성립하는 개념입니다. 사회적 불평등은 사회적 희소가치를 두고 이르는 말입니다. 무한정 널려 있어서 원하는 사람이면 모두 쉽게 얻을 수 있는 것은 희소가치가 아닙니다. 물이나 공기가 없다면 사람이 살 수 없지만 희귀하지는 않습니다. 그래서 희소가치에는 해당하지 않습니다.

　희귀하다고 모두 희소가치가 되는 것도 아닙니다. 원하는 사람이 많아야 사회적 희소가치입니다. 고려청자는 세상에 별로 없지만 가지려는 사람도 많지 않습니다. 어떤 학생의 버킷리스트에 우주여행이 있다면 그것은 개인이 좇는 가치이지만 사회적 희소가치는 아닙니다. 너도나도 달나라에 가고 싶은데 우주선은 단 한 대밖에 없다면 언젠가는 우주여행도 사회적 희소가치가 될 수 있습니다. 만약에 물 사용료나 생수가 터무니없이 비싸서 아무나 쉽게 살 수 없다면 물도 희소가치가 될 수 있습니다. 그냥 희소가치라고 해도 되는데 그 희소가치가 구성원 대다수와 관련된다는 뜻에서 보통 '사회적 희소가치'라고 부릅니다. 사회적 희소가치는 개인이 추구하는 가치와는 다르지요.

사회적 불평등은 사회구조에서 나옵니다. 희소가치, 기회, 제도가 사회적 불평등의 원인입니다. 우선 불평등이라는 비극은 희소가치에서 태어납니다. 우리나라에서 사람들 대다수가 원하지만 뜻대로 이루기 어려운 사회적 희소가치에는 무엇이 있을까요? 근사한 직업이 있겠네요. 의사, 변호사 같은 직업은 원하는 사람은 많지만 실제로 그 직업인이 되는 사람은 많지 않습니다. 축구선수나 프로 게이머로 성공하고 싶어 하는 사람은 많은데 실제로 그렇게 되는 사람은 많지 않습니다. 명문대 입학도 희소가치입니다. 우리나라 학생들 대부분은 명문대에 입학하길 원하겠지만 명문대에 들어가는 학생은 많지 않습니다. '내 집'도 희소가치에 해당합니다. 사람들은 대부분 자기 집을 갖길 원하겠지만 월세나 전세로 사는 사람도 많습니다. 돈은 대표적인 희소가치입니다. 사람들은 돈을 많이 갖길 원하지만 한국은행에서 그만큼 마구 찍어 낼 수 없습니다.

기회도 불평등을 일으키는 사회구조에 포함됩니다. 가

상 상황에서 학생 A, B, C가 예술고에 입학할 기회에 영향을 미친 건 가정형편이었습니다. 예술고 진학을 희망하는 전국 중학생들의 가정형편을 모두 모으면 사회적 환경이 됩니다. 마찬가지로 사회적 희소가치에 다가서려는 사람들이 처한 조건을 모으면 이것이 불평등의 사회적 환경이 됩니다. 희소가치를 향해 뛰어가는 출발점이 구성원마다 다르다면 이것도 불평등을 일으키는 사회구조입니다. 사회구성원마다 희소가치에 접근할 기회에 차이가 있으면 결과의 불평등으로 연결되기 마련입니다.

사회제도도 불평등에 영향을 미칩니다. 관행이나 문화, 정책 같은 것들입니다. 사회제도는 불평등을 확대할 수도 있고 누그러뜨릴 수도 있습니다. 가상 상황에서 학생 A는 가정형편 때문에 꿈을 접었습니다. 가정형편에도 불구하고 학생 A가 도전할 수 있도록 장치를 마련할 수 있습니다. 학비가 싼 학교를 세워 진입장벽을 낮출 수 있습니다. 실제로 공립 예술고등학교가 더러 있습니다. 대학 입학에서도 기회균등 전형이 있습니다. 반대로 불평등을 계속 발생시키거나 확대하는 사회제도가 있겠지요.

사회적 희소가치, 기회, 제도 같은 것들이 사회구조입니다. 사회구조는 나의 뜻과는 상관없이 나의 행동이나 선택을 제약하게 됩니다. 이게 골칫거리입니다.

어떤 세상이 평등한 세상인가요? – 누구나 사람답게 사는 세상

아 빠 : 그런데 우리 덕선이는 꿈이 뭐야?

딸   : 없어 …. 아빠, 난 꿈이 없어. 한심하지?

        나 진짜 멍청이인가 봐.

아 빠 : 멍청하긴 뭐가 멍청해. 꿈은 지금 가지면 되지!

딸   : 정말?

아 빠 : 아빠도 처음부터 은행원이 꿈은 아니었어. 그냥 먹고

        살려고 바둥바둥하다 보니까 여기까지 온 거야.

딸   : 그럼, 아빠 지금 꿈은 뭐야?

아 빠 : 아빠 지금 꿈은 우리 보라, 우리 덕선이, 우리 노을이,

        하나도 아프지 않고 건강한 것.

        아빠 꿈은 그거 딱 하나밖에 없어….

딸   : 아니, 내 꿈 말고 아빠 꿈이 뭐냐고?

아 빠 : 그래, 그게 아빠 꿈이야. 내 자식들이 건강하고 아프지

        않은 것, 그것 말고 아빠 꿈이 어디 있겠어. 없어.

드라마 '응답하라 1988'에 나오는 장면입니다. 여러분

은 꿈이 무엇인가요? 유튜버, 운동선수, 프로 게이머, 선생님, 의사, 변호사, 경찰, 웹툰 작가, 아이돌 등등 저마다 다를 겁니다.

사람들의 꿈은 모두 다릅니다. 서로 꿈은 다르지만 모두가 저마다 꿈을 이루면서 살아가는 세상! 궁극적으로 평등이 추구하는 세상입니다. 춤을 추고 싶은 사람은 평생 춤을 추고, 노래하고 싶은 사람은 평생 노래만 하면서 산다면 얼마나 행복할까요? 가장 바람직한 평등 세상은 모두가 저마다 품고 있는 꿈을 실현하는 세상입니다. 그래서 평등한 세상은 신바람 납니다.

지나치게 이상적인 것 아닌가요? 모두가 꿈을 이룬다는 건 그야말로 꿈 아닌가요? 맞습니다. 가장 바람직한 평등 세상은 모두가 꿈을 이루는 세상이지만 실현하기 어렵습니다. 사람들의 꿈은 대부분 희소가치이기 때문입니다. 그래도 포기하기에는 이릅니다. 어릴 적 품었던 꿈을 실현하지 못하더라도 행복하게 살 수 있습니다. 축구선수가 되고 싶은 사람은 꼭 프로선수가 아니더라도 사회인 축구 활동을 하는 겁니다. 나이 들어 악기를 배워 연주회를 가지는 어른들도 있습니다. 이게 사람답게 사는 것이지요.

현실적으로 평등한 세상은 모두가 사람답게 사는 세상

입니다. 대한민국 헌법 10조에는 이렇게 쓰여 있습니다.

> 모든 국민은 인간으로서의 존엄과 가치를 가지며, 행복을 추
> 구할 권리를 가진다.

여기서 눈여겨볼 부분이 있습니다. 인간으로서 존엄과 가치를 가지고 행복을 추구할 권리를 가진 주체는 '모든' 사람입니다. 그렇습니다. 평등의 열쇠 말은 '누구나'입니다. 몇몇 사람이 아니라 모두가 존엄한 존재로서 사람다운 삶을 누리는 세상이 평등한 세상입니다.

누구나 사람다운 삶을 누리기 위해서는 반드시 갖춰져야 할 게 있습니다. 일단 먹고사는 문제에서 해방되어야 합니다. 사람이라면 끼니 거르지 않고, 추울 때 따뜻하게 입을 옷도 있어야 하고, 고단한 몸 누일 방 한 칸 정도는 있어야 합니다. 아프면 치료받아야 하는 것은 물론입니다. 사람으로서 기본적인 욕구가 충족되어야 한다는 뜻입니다. 기초적인 생활이 보장되지 않는다면 사람답게 살기 어렵습니다. 원하는 바는 모두 다르기에 다양하지만 먹고사는 문제에서 해방되어야 한다는 것은 사회구성원 모두에게 해당됩니다.

그런데 먹고사는 게 문제입니다. 먹고사는 문제에 장사 없습니다. 사람들은 대부분 먹고사는 문제에 발목 잡혀 사는 게 현실입니다. 우리가 흔히 접하는 불평등은 먹고 사는 문제를 둘러싸고 벌어집니다. 풍족하게 먹고사는 집 도 많습니다. 그러나 하루하루 살아가기가 벅찬 집도 상 당히 많습니다. 이런 집에서는 꿈을 이루는 건 고사하고 당장 끼니를 걱정해야 합니다. 이렇게 되면 사람이 사람 답게 살 수 없습니다. 이러다 보니 어른이 되면 먹고사는 것 자체가 인생의 목표가 되고 어릴 적 품었던 꿈을 포기 하기 일쑤입니다. 덕선이 아빠는 먹고사는 문제를 해결하 느라 꿈을 접고 은행원이 되었습니다.

그래서 사람다운 삶은 보통 물질적 안정을 뜻합니다. 사람들이 사회적 희소가치를 추구하는 것도 물질적 안정 을 확보하는 데 중요하기 때문입니다. 적어도 어느 정도 는 소득이 있어야 끼니를 거르지 않고 살아갈 수 있습니 다. 반드시 명문대를 나와야 사람다운 삶이 보장되는 것 은 아니지만 그렇지 않은 사람보다는 훨씬 유리한 것이 현실입니다. 여기저기 옮겨 다니지 않고 자기 집에서 사 는 것도 사람다운 삶의 중요한 요건입니다.

사람다운 삶을 보장하는 기본적 생활에서 뒤처지는 사

람이 없는no one left behind, 누구나 인간적인 삶을 살아가는 세상이 평등한 세상입니다. 하지만 세상은 희소가치를 둘러싼 커다란 의자놀이와 닮았습니다. 의자놀이에서는 상품권에 그치지만 현실에서는 탈락하면 살아가기 어려워집니다. 이런 사람들이 많아지면 그 사회는 행복할 수 없습니다. 불평등을 해결하는 게 중요한 숙제인 까닭입니다.

우리나라의 불평등, 어디가 아픈가요?

너는 어떤 숟가락으로 밥 먹니? - 계급과 계층

혹시 영화 '기생충'을 보았나요? 영화에는 세 가족이 나옵니다. 기업을 경영하는 박동익 사장은 언덕에 자리 잡은 고급 단독주택에 살고 있습니다. 그 집 마당에는 잔디가 깔려 있습니다. 피자 상자를 접어 근근이 생계를 꾸리는 김기택 아저씨는 반지하 방에 삽니다. 박 사장 집에서 가사 도우미로 일하는 국문광은 남편을 박 사장네 지하에 숨겨 두었습니다. 영화는 부유한 박 사장 집과 못사는 두 집을 대비시킵니다. 사회계급을 적나라하게 드러냈지요.

조직에는 계급이 있습니다. 학교에는 교장·교감 선생

님도 있고 부장 선생님도 있습니다. 군대나 경찰에도 계급이 있습니다. 이등병이나 일등병 같은 계급장을 달지는 않지만 사회도 계급이나 계층으로 나뉘어 있습니다.

사회계급이나 계층을 칭하는 말들이 많습니다. 금수저와 흙수저라는 말이 대표적입니다. 좋은 집안에서 태어난 사람도 있고 변변치 않은 집안에서 태어난 사람도 있는데, 어떤 집안에서 태어났느냐에 따라 개인의 성공이 크게 좌우된다는 말이지요. 나왔다 금방 사라지는 말도 많지만 이 말은 모르는 사람이 없을 정도로 널리 퍼졌습니다. 공감하는 사람이 많기 때문이겠지요.

양극화라는 말도 있습니다. 사람들을 상류층, 중류층, 하류층으로 나눌 때 보통 중류층이 많습니다. 그림으로 그리면 호빵처럼 가운데가 볼록하게 오르고 양옆은 매끄럽게 내려오는 모양이 나타납니다. 정규분포입니다. 그런데 호빵 가운데를 꾹 누르면 양옆이 불쑥 올라옵니다. 양극화는 이처럼 가운데의 중류층이 줄어들고 양쪽 끝의 상류층과 하류층이 늘어나는 현상을 뜻합니다.

이중화는 사회 집단이 내부자와 외부자로 갈라지는 현상을 일컫습니다. '인싸'라는 말이 있지요? 자신이 속한 무리에서 적극적으로 참여하면서 사람들과 잘 어울려 지내는 사람을 말하지요. 인싸는 '내부자'를 뜻하는 인싸이 더insider를 줄인 말입니다. 인싸 중에서도 인싸인 사람들을 '핵인싸'라고 부르기도 합니다. 내부자는 '잘나가는 사람'이고, 외부자는 그 반대편에 있는 사람입니다. 이중화는 사회가 내부자와 외부자로 갈라져 있는데 내부자와 외부자의 조건과 환경이 달라서 사는 모습이 뚜렷하게 구별된다는 뜻입니다.

금수저와 흙수저, 양극화, 이중화는 모두 불평등한 현실을 고발하고 있습니다. 이런 말이 생겨난 까닭이 있겠지요. 우리나라는 사람들이 계급이나 계층으로 나뉘어 있기 때문입니다.

계급이나 계층을 나누는 잣대는 여러 가지입니다. 배운 정도를 기준으로 하면 대졸자와 고졸자, 명문대 졸업자와 비명문대 졸업자 등으로 나눌 수 있습니다. 돈을 얼마나 버느냐에 따라 고소득층, 중소득층, 저소득층으로 구분할 수도 있습니다. 일하는 형태에 따라서 노동자는 정규직과 비정규직으로 나눌 수 있고, 자영업자도 있습니다. 자기 집을 가진 사람도 있고 세 들어 사는 사람도 있습니다. 자기 집을 가진 사람도 서울에 있는 사람과 지방에 있는 사람으로 나뉘고, 서울에서도 강남과 강북이 다릅니다.

여러 기준을 번갈아 들이대도 '핵인싸'인 사람들이 있습니다. 서울 강남 아파트에 살면서 고용이 안정된 일자리에서 돈도 많이 벌고 자녀를 명문대에 보내는 사람이 이에 해당하겠지요. 물론 반대편에 있는 사람도 많습니다. 분단은 휴전선에만 있는 게 아닙니다. 우리나라 안에도 분단선이 곳곳에 숨어 있습니다. 꿀 빠는 사람이 있는가 하면 입맛만 다시는 사람이 있습니다. 불평등한 세상입니다.

사회적 불평등은 사회적 희소가치에 접근할 기회와 실제로 배분된 결과가 구성원 사이에 차이가 나타나는 현상이라는 것 기억하지요? 그렇다면 우리나라에서 대표적인 희소가치는 무엇일까요? 명문대, 돈, 집을 꼽을 수 있습니다. 교육, 소득, 주택에서 걱정이 없는 사람은 거의 없습니다. 한국에서는 이 세 가지가 불평등 유발자들입니다. 하나씩 뜯어보겠습니다.

너는 어느 대학 나왔니? – 교육 불평등

경제협력개발기구OECD라고 들어 봤을 겁니다. 세계 200개 나라 중에서 잘나가는 나라들의 모임입니다. 우리나라는 1996년에 29번째 회원국으로 가입했습니다. 한국은 세계 여러 나라 중에서 인싸 국가에 해당합니다.

우리나라는 교육에서도 잘나갑니다. 고등학교를 나오지 않는 사람은 거의 없습니다. 고등학교 졸업자 열 명 중 일곱 명은 대학교에 갑니다. 대학 진학률이 높은 것이 익숙해서 당연해 보이지만 우리나라처럼 대학에 많이 가는 나라는 드뭅니다. 대학에 가는 비중이 우리나라보다 높은 국가는 네덜란드, 폴란드, 벨기에, 슬로베니아뿐입니다.[2]

이제 돈이 없어 학교에 못 다니는 사람은 많지 않습니다. 대학교도 국가장학금 제도가 있어 가난한 집도 학비 걱정은 많이 덜었습니다. 교육 기회가 매우 고르게 열려 있습니다. 대단한 공교육입니다. 우리나라 공교육은 세계 최강입니다. 그런데 우리나라 사교육은 우주 최강입니다. 학생 대부분이 과외를 받거나 학원에 다닙니다. 서울에서는 대치동, 목동, 중계동이 사교육의 메카로 불립니다. 학원 수업이 끝날 때쯤이면 학생을 기다리는 학원과 학부모의 차들이 차선 하나를 가득 메우는 진풍경이 연출됩니다.

---

2 2020년 기준으로 19세 인구 중에서 대학에 다니는 사람의 비중은 한국이 78.1%이다. 네덜란드는 79.2%, 폴란드는 79.9%, 벨기에는 80.8%, 슬로베니아는 86%이다. 웹사이트(https://oecd.org) 2022년 12월 29일 검색.

세계 최강 공교육과 우주 최강 사교육의 합작품일까요? 우리나라 학생들은 공부를 매우 잘합니다. 경제협력개발기구는 3년마다 고등학교 1학년 학생의 학업성취도를 평가해 오고 있습니다. 우리나라는 2000년부터 참여해 왔습니다. 성적은 높을 때도 있고 낮을 때도 있지만 줄곧 최상위권을 유지하고 있습니다. 읽기는 1~8위, 수학은 1~4위, 과학은 1~9위를 차지하고 있습니다.

공교육이든 사교육이든 대부분 교육을 받고 있으니 누가 보면 우리나라의 교육이 엄청 평등하다고 할지 모릅니다. 하지만 현실은 그렇지 않습니다. 우리나라에서 교육의 희소가치는 대학교 진학이 아니라 명문대 입학에 있습니다. 영화 '기생충'에서 김기택 아저씨의 아들 김기우는 명문대를 목표로 4수를 하고 있었습니다.

명문대에 입학하는 학생은 몇 명일까요? 수능을 치르겠다고 원서를 내는 학생은 대략 50만 명 정도입니다. 서울대, 연세대, 고려대의 입학정원은 1만 2,000명 정도입니다. 100명 중 2.4명 정도만 이른바 명문대에 입학합니다. 학생들이 무슨 공식처럼 외우는 '서연고서성한중경외시'를 합쳐도 명문대에 입학하는 학생은 열 명에 한 명꼴입니다.

누가 명문대에 입학할까요? 공부를 잘하는 학생들이겠지요. 그럼, 누가 공부를 잘할까요? 머리가 좋거나 공부를 열심히 하는 학생일 겁니다. 그런데 IQ도 비슷하고 노력도 비슷하게 해도 성적이 다릅니다. 사교육 영향이 큽니다. 집에 돈이 많아 과외며 학원이며 컨설팅이며 사교육을 많이 받는 학생일수록 성적이 좋습니다. 중학교 1학년이 3학년 공부를 하는 식으로 선행학습하는 친구들도 꽤 있을 겁니다. 사교육에는 돈이 많이 들기 때문에 가정형편에 따라 성적이 달라지는 것입니다. 우리나라의 교육 불평등이 바로 여기서 발생하고 있습니다.

[학생 성적 순위별 학생 1인당 월평균 사교육비(2021년)]

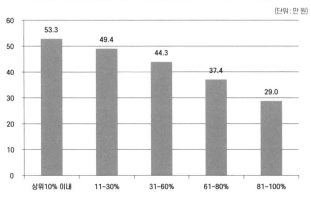

자료 : 통계청, 「초중고 사교육비 조사」

그래서 교육학이나 사회학을 공부하는 사람들은 'SKY 입학생, 그들은 누구인가?'보다는 'SKY 입학생, 그들은 누구의 자녀인가?'를 궁금해합니다. 실제로 서울대, 연세대, 고려대 학생 중에서 반 이상이 고소득층 자녀라고 합니다. 절반 이상이 서울의 강남지역에 산다는 얘기도 들립니다. SKY 대학에는 득목고, 자사고 출신이 다른 대학보다 많습니다.

[2022년 출신 고교 유형별 대학 입학 결과]

(단위 : 명, %)

	일반고		과학고		외고 · 국제고		자사고		영재학교	
	수	비중	수	비중	수	비중	수	비중	수	비중
전체	259,926	71.8	1,778	0.5	6,326	1.7	13,706	3.8	907	0.3
서울대, 연세대, 고려대	6,494	53.4	312	2.6	995	8.2	1,883	15.5	512	4.2
10개 대학	21,713	58.1	587	1.6	2,906	7.8	4,473	12.0	632	1.7

자료 : 대학알리미

교육 불평등의 현실입니다. 보편적 공교육이 평등한 교육의 길을 터놓았지만 사교육이 불평등을 낳는 것이지요. 가정형편에 따라 사교육 격차가 생기고, 사교육 격차는 대학 진학의 차이로 연결되는 것입니다.

여기서 하나 짚고 넘어가겠습니다. 사교육이 영어로 무엇일까요? 대부분 private education이라고 대답할 겁니다. 그런데 외국에서는 이 용어를 주로 사립학교의 교육을 지칭할 때 씁니다. 국·공립학교의 교육과 구별하는 겁니다. shadow education이라는 말도 있습니다. 말 그대로 옮기면 '그림자 교육'이 되겠지요. 그림자 교육은 학업성취도가 낮은 학생들을 대상으로 정규교육 외에 추가로 이루어지는 보충학습을 뜻합니다. 예전에는 우리나라에 '나머지 공부'라는 것이 있었습니다. 학교 선생님이 다른 학생들은 하교시킨 후 교실에서 기초학습을 보강해 주었습니다. 이런 게 그림자 교육입니다.

현재 우리가 보통 사교육이라 지칭하는 것은 그림자 교육이나 나머지 공부가 아닙니다. 우리 머릿속에 있는 사교육에 가까운 표현은 private tutoring입니다. 어색하지만 '사적으로 가르쳐주기' 정도로 옮길 수 있을 겁니다. 우리나라의 사교육은 입시에서 좋은 성적을 올리기 위해 정규교육 외에 추가로 공부하는 것을 말합니다. 이런 식의 사교육은 베트남이나 인도에서 상당히 성행한다고 합니다. 미국이나 유럽에서도 우리식의 사교육이 점차 늘고 있다고 합니다. 하지만 공교육 확대로 거의 완벽에 가까울 정도로 교육 기회가 보장된 나라에서 학생 대부분이 정규교육과 별도로 사교육에 매달리는 나라는 아마도 한국이 유일할 겁니다.

너희 집, 돈 많아? – 소득 불평등과 빈곤

경제협력개발기구는 잘사는 나라들의 모임이기도 합니다. 대한민국 정부가 1948년에 세워졌는데 50년도 안 돼서 선진국 클럽에 들어갔으니 자랑스러운 일입니다. 지지리도 못사는 나라에서 출발한 우리나라가 부자 나라가 되었습니다. 한강의 기적이죠.

부자 나라에도 불평등은 있습니다. 부잣집도 있고 가난한 집도 있습니다. 우리나라에서 부잣집과 가난한 집의 소득격차는 어느 정도일까요? 이탈리아의 통계학자이자 인구학자인 지니Corrado Gini는 불평등을 단순하고 명쾌하게 숫자로 보여주는 방법을 만들었습니다. 그 사람의 이름을 따서 지니계수라고 부릅니다. 지니계수는 0~1의 값을 갖는데, 0에 가까울수록 평등하고 1에 가까울수록 불평등합니다. 지니계수가 0이라면 모든 집의 소득이 똑같습니다. 반대로 1이면 한 집이 그 나라의 소득을 독차지한다는 뜻입니다. 우리나라의

지니계수는 0.3~0.4 정도입니다.[3]

다른 나라와 비교할 때 우리나라는 소득 불평등이 심합니다. 2019년 기준으로 보면 경제협력개발기구 회원국의 지니계수는 0.316입니다. 한국의 지니계수는 0.339로 38개 나라 중에서 29번째입니다. 슬로바키아가 0.222로 소득이 가장 평등하게 배분되는 국가입니다. 코스타리카는 0.487로 소득 불평등이 가장 심각합니다.[4]

전체 가구 중에서 돈을 많이 버는 집 20%는 돈을 적게 버는 집 20%에 비해 11배 정도 많이 법니다. 고소득 가구 20%는 우리나라 가구 전체가 버는 소득 중에서 45%를 차지합니다.[5] 빈부격차가 심합니다. 전국에서 돈을 많이 버는 순서대로 줄을 서면 정 가운데 있는 집이 있을 겁니다. 그 가구의 소득이 100만 원이라고 합시다. 이것을 중위소득이라고 부릅니다. 100만 원의 60%는 60만 원이지요. 전체 가구 중에서 소득이 60만 원에 미치지 못하는 가구가 있을 겁니다. 전체 가구 중에서 이 가구의 비중을 상대적 빈곤율이라고 합니다. 우리나라의 상대적 빈곤율은

---

3 통계청, 「소득분배지표」.

4 웹사이트(https://oecd.org) 2022년 12월 29일 검색.

5 통계청, 「소득분배지표」.

25% 정도 됩니다.[6] 네 집 중 한 집이 가난하다는 겁니다.

다른 나라와 비교할 때 우리나라는 상대적 빈곤율도 높습니다. 한국보다 상대적 빈곤율이 높은 나라는 4개 나라밖에 없습니다. 칠레, 이스라엘, 미국, 코스타리카입니다.[7] 우리나라는 상대적으로 가난한 집이 많습니다.

소득격차는 주로 근로소득의 격차에서 비롯됩니다. 우리나라 사람들은 대부분 일해서 먹고삽니다. 일하는 사람에도 노동자와 자영업자가 있습니다. 자영업자는 열 명 중 두 명 정도입니다. 취직해서 월급 받는 사람을 임금노동자라고 부르는데 일하는 사람의 80% 정도 됩니다.[8]

우리나라의 임금은 기업 규모와 일하는 형태에 따라 차이가 크게 납니다. 대기업 정규직은 평균 월 585만 원을 받는데 중소기업 비정규직은 160만 원에 불과합니다. 격차도 커지고 있습니다. 대기업 정규직과 중소기업 비정규직의 임금 격차는 2006년에 268만 원이었는데, 2021년에는 425만 원입니다.

대기업과 중소기업은 고용 안정성에서도 차이가 큽니

---

6 통계청, 「소득분배지표」.

7 웹사이트(https://oecd.org) 2022년 12월 29일 검색.

8 통계청, 「경제활동인구조사」.

[기업 규모와 고용 형태에 따른 임금 격차]

(단위 : 천 원)

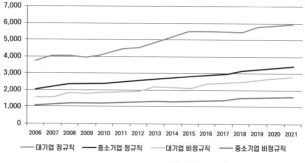

자료 : 고용노동부, 「고용형태별 근로실태조사」

다. 2021년 기준으로 5~9명이 일하는 작은 기업은 노동자가 평균 5.6년 정도 다닙니다. 반면에 500명이 넘는 대기업은 11.2년입니다.[9] 정확히 두 배입니다. 한 직장에서 일하는 기간이 길면 생활이 안정됩니다. 대기업 종사자는 장기 고용을 통해 안정적인 삶을 누릴 수 있는 반면에 근속기간이 짧은 중소기업 종사자는 생활이 불안정할 수밖에 없습니다. 그런데 300인 이상 대기업 종사자는 2021년 취업자 2,727만 명 중 282만 명으로 겨우 열 명 중 한 명꼴입니다.[10] 나머지 90%는 중소기업 종사자입니다. 대

---

9 고용노동부, 「고용형태별 근로실태조사」.

10 통계청, 「경제활동인구조사」.

기업 종사자를 내부자, 중소기업 종사자를 외부자로 보면 1:9로 갈라진 사회가 된 것입니다.

내부자와 외부자로 갈라진 사회에서 외부자는 사람답게 살기 어렵습니다. 사람이 사람답게 살지 못하게 되는 요인 중에서 대표적인 것이 가난입니다. 꿈을 이루는 건 고사하고 하루하루 살아 내기가 벅찹니다. 심지어 생활고에 허덕이다가 스스로 목숨을 끊는 비극도 종종 발생하고 있습니다.

서울시 송파구 석촌동 단독주택 반지하에 세 들어 살던 세 모녀 일가족이 자살로 생을 마감했습니다. 60세 어머니는 식당 일로 생계를 꾸리다가 몸이 아파 일을 하지 못했고, 큰딸은 당뇨와 고혈압을 앓고 있었지만 병원비가 비싸 치료를 제대로 받지 못했습니다. 만화가 지망생인 작은딸은 아르바이트로 돈을 벌고 있었지만 빚으로 신용 불량자가 되었습니다. 세 모녀는 "마지막 집세와 공과금입니다. 정말 죄송합니다"라는 유서를 남기고 스스로 목숨을 끊었습니다. 2014년 2월에 벌어진 일입니다.

그런데 2022년에 비슷한 일이 또 있었습니다. 경기도 수원시 권선구의 한 다세대주택에서 어머니와 두 딸이 숨진 채로 발견되었습니다. 어머니는 암 치료를 받고 있었고, 두 딸도 희소 난치병을 앓고 있었다고 합니다. 세 모녀는 경기도 화성시에 주민등록이 있었지만 실제로는 빚 독촉을 피해 수원에 살고 있었기 때문에 복지제도는 세 모녀에게 닿지 않았습니다. 세 모녀의 장례는 무연고 장례식으로 치러졌다고 합니다. 가난이 이렇게 무섭습니다. 가난은 사회적 질병입니다. 빈곤은 인권의 문제입니다.

너는 어떤 집에서 사니? - 주거 불평등

영화 '기생충' 이야기를 더 해볼게요. 기택 아저씨 식구들은 수작을 부려 가족이라는 사실을 숨기고 박 사장 집에 일자리를 얻습니다. 남편은 운전기사로, 아내는 가사 도우미로, 아들은 과외 선생님으로, 딸은 미술 선생님으로 말이죠. 어느 날 박 사장의 아들 다송이가 운전기사와 가사 도우미에게서 같은 냄새가 난다고 말하는 장면이 나옵니다. 한 가족인 걸 들킬 뻔했습니다. 이 장면을 넣은 이유가 짐작됩니다. 반지하에 살면 옷에서 퀴퀴한 냄새가 나기 쉽습니다. 햇볕이 잘 들지 않아서 옷을 빨아 널어도 뽀송뽀송하게 마르지 않기 때문입니다. 주거계급을 옷 냄새로 표현한 겁니다.

사는 집에도 계급이 있습니다. 단독주택, 다세대주택, 아파트 등이 있습니다. 박 사장네처럼 고급 단독주택도 있고, 기택 아저씨처럼 반지하도 있습니다. 우리나라는 아파트가 많지요.

주거계급에는 주택 형태만 있는 건 아닙니다. 주거 형태도 있습니다. 아파트라고 해도 자기 집에 사는 사람이 있고, 전세로 사는 사람이 있고, 월세로 사는 사람도 있습니다. 우리나라 가구 중에서 58%는 자기 집에, 15%는 전세로, 23%는 월세로 살고 있습니다. 서울은 자기 집에 사는 가구 비율이 42.7%로 전국에서 가장 낮고 남의 집을 빌려서 사는 사람이 많습니다.[11] 집값이 비싸기 때문입니다.

아마도 주거계급을 대표하는 것은 주택 소유일 겁니다. 집이 있는 가구도 있고 집이 없는 가구도 있습니다. 집을 가지고 있는 가구는 56.2%입니다. 14.7%는 두 채 이상 갖고 있습니다. 무주택 가구는 43.8%입니다.[12] 불평등합니다.

---

11 국토교통부, 「주거실태조사」.

12 통계청, 「2021년 주택소유통계」.

집이 없으면 집이 있는 사람보다 사람답게 살기 어렵습니다. 전세로 사는 집은 계약기간이 끝날 때마다 집주인이 보증금을 올려달라고 할까 봐 노심초사합니다. 보증금을 올려달라고 할 때 사정이 허락하지 않으면 보증금이 더 싼 곳으로 옮길 수밖에 없습니다. 이런 사람들을 '전세 난민'이라고 부릅니다. 실제로 서울에서 경기도로 거처를 옮기는 사람이 늘어나고 있습니다.

자기 집이 없는 사람은 손해가 큽니다. 집을 빌리는 데 돈이 많이 들어가니 다른 곳에 쓸 돈이 줄어듭니다. 한곳에 오래 살지 못하고 이리저리 자주 옮기다 보면 생활도 불편해집니다. 어른들은 점점 직장과 먼 곳으로 이사 가게 되어 교통비도 많이 들고 출퇴근 시간이 길어져 고달파집니다. 이사를 자주 다니면 오래 사귀어 정든 친구와 멀어지기도 합니다. 주거 안정은 이렇게 사람이 사람답게 사는 데 중요합니다.

이러다 보니 우리나라에서 '내 집 마련'은 국민 로망입니다. 사람들은 대부분 자기 집이 있어야 한다고 생각합니다. 하지만 집 장만은 하늘의 별 따기입니다. 버는 돈에 비해 집값이 너무 비싸기 때문입니다. 중간 정도로 돈을 버는 사람이 가격이 중간 정도인 집을 사는 데 7.6년이 걸립니다. 소득 하위 20%에 속하는 사람이 집값 상위 20%인 집을 사려면 57년이 걸립니다. 그것도 번 돈을 한 푼도 쓰지 않고 차곡차곡 모았을 때 이 정도 기간이 걸린 다는 말입니다. 현실에서는 불가능합니다. 피땀 흘려가며 일해서 돈을 벌어도 집 장만하기가 힘듭니다.

[주택가격 및 소득분위별 연 소득 대비 주택가격(2021년 12월)]

(단위 : 배)

		가구소득				
		1분위	2분위	3분위	4분위	5분위
평균 주택 가격	1분위	6.6	3.2	2.3	1.7	1.0
	2분위	13.2	6.4	4.6	3.5	2.1
	3분위	21.6	10.5	7.6	5.7	3.4
	4분위	33.3	16.3	11.7	8.8	5.2
	5분위	57.3	28.0	20.1	15.1	9.0

자료 : 국민은행

집값은 계속 오르는 경향이 있습니다. 집값이 내려가는 때도 있지만 길게 보면 조금씩이라도 오릅니다. 이러다 보니 우리나라 사람들은 집값에 민감합니다. 한국 사람들 은 주택을 자산으로 생각하는 경향도 유별납니다. 집을 돈벌이 수단으로 생각하기도 합니다. 부동산 투기 세력이 이런 사람들입니다. 집을 '사는 곳'보다는 '사는 것'으로 보는 겁니다.

집값이 계속 오르니까 이러다가는 영영 내 집 마련하기 어렵겠다 싶어 무리해서 집을 사는 사람도 있습니다. 영혼까지 끌어와 집을 산다는 이른바 '영끌족'입니다. 번 돈을 모아서 집을 마련하는 것이 아니라 은행에서 대출받아 집을 장만하는 겁니다. 집을 사려고 돈을 빌려 빚 갚기 바쁜 사람이 많습니다. '하우스 푸어'House Poor는 집을 보유한 가난한 사람을 뜻합니다. '렌트 푸어'Rent Poor도 있습니다. 전세자금을 빌렸는데 원금과 이자를 갚기에 벅찬 사람들입니다.

하우스 푸어나 렌트 푸어는 그래도 사정이 나은 편입니다. 지하방, 옥탑방, 고시원의 앞 글자를 따서 '지옥고'라고 합니다. 옥탑방은 한여름에는 밤에도 뜨겁습니다. 잠자다가도 더워서 깰 지경입니다. 창문도 없는 좁은 고시원에서 몸을 구겨 넣으며 잠을 청하는 사람도 많습니다. 이런 사람들을 주거빈곤층 또는 주거 취약계층이라고 부릅니다. 주거 취약계층은 최저주거기준을 충족하지 못합니다. 최저주거기준은 가구원 수 대비 면적이나 시설로 설정합니다. 최소한 어느 정도는 갖추어야 사람답게 살 수 있다고 보는 겁니다. 최저주거기준 미달 가구는 전체

가구 중 약 5%에 이릅니다.[13] 주거빈곤층은 비좁고 화장실도 변변치 않은 집에서 살고 있는 겁니다.

주거는 사람이 사람답게 살 수 있는 중요한 조건입니다. 주거 안정성은 모두에게 보장되어야 합니다. 모든 가구가 집을 한 채씩 갖고 있으면 가장 좋을 것입니다. 그렇지 않더라도 적어도 사는 곳에 걱정이 없어야 합니다. 그러나 현실은 그렇지 못합니다. 이것이 주거 불평등의 현실입니다.

너는 어디에 사니? – 지역 격차

2022년 화제가 되었던 드라마 '나의 해방일지'에서 염씨네 삼 남매는 가상의 도시 경기도 산포시에서 매일 서울로 출퇴근합니다. 첫째 염기정은 "밝을 때 퇴근했는데 밤이야… 저녁이 없어"라고 투덜거립니다. 둘째 염창희는 '계란 노른자'가 아니라 산포시라는 '계란 흰자'에 살아서 여자친구에게 차였다고 생각합니다. 서울을 계란 노른자에, 경기도를 흰자에 비유한 겁니다. 막내 염미정은

---

13 국토교통부, 「주거실태조사」.

"집이 경기도라서" 회식을 꺼립니다.

우리나라는 수도권 집중 현상이 심합니다. 전체 인구 중에서 서울·경기·인천 지역에 사는 사람이 절반을 넘습니다. 지역이 균형 있게 발전해야 한다는 목소리가 높은데 현실은 오히려 거꾸로 가고 있습니다. 농촌지역에서는 인구가 줄어 '지방소멸'이라는 말이 나오기도 합니다. 수도권에 사람이 몰리는 이유는 간단합니다. 사회적 희소 가치가 이곳에 집중되어 있기 때문입니다. 서울·경기·인천에 있는 대학에 다니는 대학생은 전체 대학생의 40% 정도를 차지합니다. 대학이 어디에 있는지에 따라 사회적 평판도 달라집니다. 예전에는 지방 국립대가 명문 대로 통했습니다. 이제 지방 명문대는 '인서울' 대학에 밀려나고 있습니다.

경제적인 격차도 심각합니다. 지역총생산GRDP에서 수도 권이 차지하는 비중은 1985년에도 43.7%로 꽤 높았는데 꾸준히 높아지더니 2015년 이후 절반을 넘어섰습니다.[14] 일자리도 마찬가지입니다. 취업자 중에서 수도권 거주자가 차지하는 비중은 1989년 42.1%에서 계속 늘어 2017

14 통계청, 「지역소득」.

년 이후 50%를 넘어섰습니다.[15] 집값도 차이가 엄청납니다. 서울 아파트 가격은 평균이 10억 원을 훌쩍 넘습니다. 우리나라 제2의 도시인 부산의 아파트 가격은 평균 5억 원이 안 됩니다.[16]

어디서 살든 비슷하게 사람답게 사는 게 지역 간 평등입니다. 지역이 고르게 잘살게 되면 지금보다 더 사람답게 살 수 있습니다. 염 씨네 삼 남매는 결국 경기도에서 서울로 이사했습니다. 이것이 해방일지는 의문입니다. 산포시 근처에 좋은 직장이 많이 있었다면 굳이 서울로 옮기지 않았을지 모릅니다. 지역 균형발전이 절실합니다.

너는 언제 태어났니? 너는 성별이 뭐니? - 세대와 젠더

우리나라의 불평등은 세대 문제도 품고 있습니다. 청년 문제가 특히 심각합니다. 사회적 희소가치의 배분이라는 시선으로 청년의 삶을 따라가 봅시다. 청춘들이 직면하는 사회적 희소가치의 첫 번째 경쟁 장소는 대학입시입니다.

---

15 통계청, 「경제활동인구조사」.
16 국민은행, 「주택가격동향조사」.

약 10%의 학생이 이른바 명문대학에 진학합니다. 일단 여기서 내부자와 외부자 후보가 일차적으로 갈라집니다.

안정적 삶에 들어가는 두 번째 관문은 취업입니다. 요즘 대학생 중에서 제때 졸업하는 학생은 별로 없습니다. 입학에서 졸업까지 시간이 오래 걸립니다. 4년제 대졸자는 보통 한 학기 정도 늦게 졸업합니다.[17] 졸업해도 곧바로 취업하는 것이 아닙니다. 취업할 때까지 평균 9~11개월 정도 걸립니다.[18]

대학생이 졸업을 미루고, 졸업 후에도 1년 가까이 지나서야 취업하는 것은 좋은 직장을 잡기 위해서입니다. 해외연수 같은 스펙을 쌓거나 대기업과 공무원 시험 공부를 하면서 오랫동안 취업을 준비합니다. 좋은 직장을 둘러싸고 경쟁이 치열하다 보니 취업 준비에 시간이 오래 걸리는 겁니다. 그렇게 해도 직장 잡기가 어렵습니다. 일자리 찾기에 실패한 청년이 많습니다. 청년의 실질 실업률은 22~23% 정도에 이릅니다.[19]

직장을 잡은 청년들도 갈라집니다. 대졸자 중에서 대기

---

17 통계청, 「경제활동인구조사」.

18 통계청, 「경제활동인구조사」.

19 통계청, 「경제활동인구조사」.

업이나 공기업처럼 다수가 선호하는 일자리를 잡은 청년은 30% 정도에 그칩니다.[20] 청년 중 대졸자의 비중을 약 70%로 본다면 청년 중에서 대략 5명 중 1명 정도만 좋은 일자리를 잡는 셈입니다. 첫 일자리가 정규직인 경우는 반을 조금 넘습니다. 이러다 보니 직장에 들어가도 오래 다니지 못합니다. 첫 일자리에서 대략 18개월 정도만 다닙니다.[21]

직장을 잡아도 안정적 생활에 접어들 기반만 마련할 뿐 곧바로 탄탄대로를 걷는 것도 아닙니다. 경제적 기반이 아직 잡혀 있지 못하니 안정적 생활의 다음 진도를 나가지 못합니다. 포기하는 게 많습니다. 삼포 세대는 연애, 결혼, 출산을 포기한 세대를 가리키는 말이었는데, 포기하는 게 많다 보니 N포 세대라는 말로 커졌습니다. 정말이지 단군 이래 최고의 스펙을 갖춘 청년들이 단군 이래 가장 치열한 경쟁에 직면해 있습니다. 예외인 청년은 거의 없습니다. 안정적 삶을 위한 길이 협소한 것이 청년들의 삶 전체를 통틀어 관찰되는 현상이라면 이것은 청년세대

---

20 이시균 외, 『중장기 인력수급 변동 요인 분석』(한국고용정보원, 2021).

21 통계청, 「경제활동인구조사」.

전체가 부닥친 불행입니다.

선배 세대는 그렇지 않았습니다. 일자리가 남아돌았기 때문입니다. 현재 청년세대는 안정적 삶에 이르는 길이 매우 좁지만 선배 세대는 그 길이 폭넓게 열려 있었습니다. 세대에 따라 기회에 차이가 큰 것입니다. 지금 청년세대는 불평등의 직격탄을 맞고 있습니다. 이게 세대 간 불평등입니다.

불평등의 직격탄을 맞고 있는 또 다른 집단은 여성입니다. 우리나라는 전통적으로 남성 중심적인 사회였습니다. 하지만 양성평등주의가 힘을 얻으면서 가부장주의는 쇠퇴하고 젠더 평등은 눈에 띄게 개선되고 있습니다. 여성이 약자라는 시각은 누그러지고 있고 오히려 남성에 대한 역차별을 호소하는 목소리도 나오고 있습니다. 그렇지만 뿌리 깊은 남성우월주의는 잔재를 남기고 있습니다.

안정적 삶의 기로인 고용 측면에서도 여성에 대한 구조적 차별이 가시지 않고 있습니다. 한국 남성의 고용률은 20대를 시작으로 높아지고 30~40대에 이르러 정점을 이루다가 이후 서서히 낮아집니다. 반면 여성은 30대에 그래프가 움푹 꺼졌다가 40~50대에 다시 올라간 이후 60대에 꺾입니다. 여성 고용은 연령대에 따라 M자 곡선을 그리는 것이지요. 여성이 임신과 출산에 즈음하여 '경력 단절 여성'이 되는 경향이 있다는 겁니다.

이러다 보니 가장 오래 일한 일자리의 근속기간이 남성은 19년 정도인 데 반해 여성은 12년에 그칩니다. 정년퇴직으로 가장 오래 근무한 일자리를 그만둔 경우가 남성은 13.1%인 데 반해 여성은 3.6%에 불과합니다. 가족을 돌보기 위해 그만둔 경우는 남성이 1.8%에 불과한 데 반해 여성은 26.4%에 이릅니다.[22]

여성이 경력 단절을 경험하다 보니 기업에서 최고의 위치에 오르는 여성은 남성보다 매우 적습니다. '유리천장'이라는 말이 나오는 이유입니다. 유리천장은 여성이 충분한 능력을 갖추었어도 성차별로 고위직에 오르지 못하는 상황을 말합니다. 고위직 자리는 유리 너머 뻔히 보이지만 올라가려고 하면 장벽에 부딪힌다는 것입니다.

영국의 경제주간지 〈이코노미스트〉는 2013년부터 유리천장 지수를 매겨오고 있습니다. 2022년에 한국은 29위로 튀르키예, 일본과 함께 하위권에 속했습니다. 1위는 스웨덴이었고 아이슬란드, 핀란드, 노르웨이가 상위권을

---

22 통계청, 「경제활동인구조사」.

차지했습니다.[23]

　청년과 여성은 불평등의 희생자들입니다. 이들이 우리나라의 미래인데 불평등에 휘청거린다면 이것도 심각한 문제입니다. 우리나라의 문제이기도 하고 바로 여러분의 문제이기도 합니다.

불평등은 따로따로 아니니? - 다중격차

　순망치한脣亡齒寒이라는 말이 있습니다. 입술이 망가지면 이가 시리다는 뜻입니다. 가까운 사이의 한쪽이 망하면 다른 한쪽도 그 영향을 받아 온전하기 어렵다는 말입니다. 우리나라의 불평등이 그러합니다. 교육, 소득, 주택의 불평등은 그 자체로만 보면 따로따로입니다. 하지만 실제로는 분리되어 있지 않습니다. 불평등은 변신 로봇입니다. 교육 불평등이 소득 불평등으로, 소득 불평등이 다시 주거 불평등으로 연결됩니다. 집에 돈이 많을수록 성적이 좋아지고, 성적이 좋으면 명문대에 들어가고, 명문대 졸업자가 좋은 일자리에서 돈을 많이 벌고, 그 돈으로 집을

---

23 웹사이트(https://economist.com) 2022년 12월 29일 검색.

마련하기 유리해집니다. 이것을 다중격차라고 합니다.[24]

　다중격차는 하나의 불평등이 꼬리에 꼬리를 물고 다른 불평등으로 연결되는 현상입니다. 교육, 소득, 주거뿐만 아닙니다. 문화와 건강도 마찬가지입니다. 집에 돈이 없으면 영화 한 편 보기도, 좋아하는 아이돌 가수의 공연 한 번 보기도 꺼려집니다. 부모가 맞벌이하는 저소득 가구에서는 자녀들이 몸에 안 좋은 패스트푸드로 끼니를 때우기 일쑤입니다.

　다중격차는 사람들을 갈라놓습니다. 교육, 일자리, 주택과 같이 사람다운 삶을 결정짓는 요소들이 서로 물고 물려 있습니다. 한번 내부자가 되면 쭉 내부자가 되고 한번 외부자가 되면 영원히 외부자로 남을 공산이 높습니다. 외부자가 내부자로 들어가는 길이 좁다는 겁니다. 이렇게 되면 일부만 안정된 삶을 계속 누리고 나머지 사람들은 그 주위를 겉돌게 됩니다.

　다중격차는 고치기 고약한 놈입니다. 레고는 조각 하나하나를 맞추면 완성되고 거꾸로 하나씩 떼어내면 깔끔하게 분리할 수 있습니다. 하지만 레고가 조립된 상태에서

---

24 전병유·신진욱 엮음, 『다중격차』 (페이퍼로드, 2016); 황규성·강병익 엮음, 『다중격차 II』 (페이퍼로드, 2017).

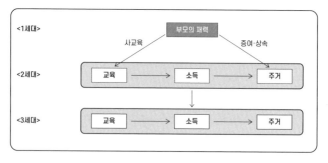

[다중격차의 구조]

<1세대>
부모의 재력

사교육 → 증여·상속

<2세대>
교육 → 소득 → 주거

<3세대>
교육 → 소득 → 주거

오래되면 조각들이 엉겨 붙어 떼기 어려워집니다. 암이
한 곳에만 머물러 있으면 그나마 치유하기 수월하지만
다른 곳으로 퍼지면 손쓰기 어렵습니다. 다중격차는 암
덩어리가 번진 상황입니다. 컴퓨터 작업처럼 'Ctrl + Z'를
눌러 이전 상태로 간단히 돌아가기 어렵습니다.

그래도 다행인 것은, 아직 다중격차가 사회 전체를 물
들이지는 않았다는 점입니다. 가난한 집에서 태어났어도
웬만큼 사는 사람이 꽤 있습니다. 명문대를 졸업하지 않
았지만 좋은 직장을 잡는 사람도 적지 않습니다. 명문대
졸업자라고 해서 모두 좋은 직장을 잡는 것도 아닙니다.
그러나 다중격차가 더욱 견고해지고 있다는 것이 걱정스
러운 일입니다. 징후는 이미 나타나고 있습니다. 명문대
에 들어가려면 할아버지의 재력이 필요하다는 말이 있습

니다. 실제로 일부 지역에서는 60대 이상 고령자가 학원비를 결제하는 비율이 매우 높다고 합니다. 자기 집이 있는 사람은 자녀 세대에 집을 물려줄 수도 있습니다. 다른 집 자녀들은 뼈 빠지게 일해야 살까 말까 한 집을 말이지요. 집을 물려줄 수 있는 집과 그렇지 않은 집은 하늘과 땅 차이일 겁니다. 이런 사람들은 전생에 나라를 구한 것이 틀림없습니다.

만약 앞으로 불평등이 꼬리에 꼬리를 물고 무한 반복된다면 우리 사회는 앞날이 밝을 수 없습니다. 사람들을 내부자와 외부자로 영영 갈라놓을 것이기 때문입니다. 다중 격차를 수술해야 하는 까닭입니다.

왜 이렇게 불평등해졌나요?

불평등은 언제나 있지 않나요? - 불평등의 역사성

중국의 황제 진시황이라고 들어봤지요? 진시황은 만리장성을 쌓기 위해 인민을 부렸습니다. 이때 진승이라는 소작농도 건설에 동원되었습니다. 공사장으로 향하던 중 큰비가 내려 900명이 함께 고립되었습니다. 제때 도착하지 못하면 형벌이 기다리고 있음을 직감한 진승은 봉기를 일으켰습니다. 그가 동료들을 설득하려고 주장한 말이 "왕후장상王侯將相에 어찌 원래부터 씨가 있겠는가!"였습니다. 왕, 제후, 장군, 재상이 태어날 때부터 결정된 게 아니라는 말입니다. 기원전 209년의 일이었습니다.

고려시대에 만적이라는 노비가 있었습니다. 만적은 1198년에 신분 해방 운동을 이끌었는데, 노비들을 불러 놓고 다음과 같은 연설을 하였다고 합니다.

정중부의 난 이래 나라의 공경대부公卿大夫는 노예 계급에서도 많이 나왔다. 왕후상상에 어찌 원래부터 씨가 있겠는가. 때가 오면 누구든지 할 수 있는 것이다. 우리는 주인의 매질 밑에서 근골筋骨의 고통만을 당할 수는 없다. 최충헌을 비롯하여 각기 자기 상전을 죽이고 노예의 문적文籍을 불 질러, 나라로 하여금 노예가 없는 곳으로 만들면 우리도 공경대부 같은 높은 벼슬 자리를 차지할 수 있다.

만적의 계획은 실패로 돌아가고 맙니다. 뜻을 같이했던 노비 순정이 거사가 실패할 것을 겁내 자기 주인인 한충유에게 만적을 고자질했습니다. 거사는 탄로 나고 만적을 포함해 100여 명이 붙잡혀 죽음을 맞았습니다. 계획은 실패로 끝났지만, 역사는 이 사건을 최초의 신분 해방 운동으로 기록합니다.

조선시대에는 정여립이라는 사람이 같은 말을 반복했습니다. 정여립은 노비나 천민이 아니고, 양반이면서도 벼슬에 오른 사람입니다. 벼슬을 지내다가 고향인 전라도 죽도로 돌아가 대동계를 조직했습니다. 신분에 상관없이 모두가 계원이 될 수 있었습니다. 대동계에서 새로운 세상을 꿈꾸었습니다. 정여립의 주장을 들어 볼까요.

왕후장상의 씨가 따로 있는 것이 아닌 것처럼 귀천의 씨가 따로 없다. 천하는 백성들의 것공물이지 임금 한 사람이 주인이 될 수는 없다. 누구든 섬기면 임금이 아니겠는가?

정여립은 결국 역모의 누명을 쓰고 목숨을 잃지만 나중에 높은 평가를 받습니다. 단재 신채호는 정여립을 프랑스의 루소에 비견되는 인물로 추켜세웠습니다.[25] 천하는 모두의 것이니 주인이 따로 없다는 천하공물론天下公物論은 당시로서는 상상하기 어려운 놀라운 발상이었습니다.

고려시대와 조선시대에 왕, 제후, 장군, 재상이 따로 없다는 주장이 나온 이유는 무엇일까요? 그때는 태어날 때부터 신분이 결정되었기 때문입니다. 왕의 자식으로 태어나면 왕 후보가 되고 노비의 자식으로 태어나면 노비가

25 신채호 지음, 김종성 옮김, 『조선상고사』 (위즈덤하우스, 2019).

되는 것이 운명이었습니다. 지배계급과 피지배계급이 자기 의지와는 상관없이 태어나면서 결정되었습니다.

불평등은 어느 시대에나 있습니다. 그런데 불평등을 일으키는 희소가치는 시대마다 다릅니다. 그래서 불평등은 역사성을 띕니다. 신분사회에서는 귀한 신분이 희소가치였습니다. 귀한 신분이라는 희소가치가 태어날 때부터 결정되었는데, 극소수가 희소가치를 독점했던 것이지요. 우리나라는 이제 신분제를 인정하지 않습니다. 대한민국 헌법 11조에는 이렇게 쓰여 있습니다.

> 모든 국민은 법 앞에 평등하다. 누구든지 성별·종교 또는 사회적 신분에 의하여 정치적·경제적·사회적·문화적 생활의 모든 영역에 있어서 차별을 받지 아니한다.

그렇다면 신분제는 완전히 사라진 것일까요? 그렇지 않습니다. 금수저, 흙수저라는 말이 괜히 나온 게 아닙니다. 우리는 이름을 달리하는 새로운 신분제 사회에 살고 있는지 모릅니다.

예전에는 어땠나요? – 고성장의 빛과 그림자

대한민국 정부는 1948년에 세워졌습니다. 2차 세계대전이 끝난 다음 독립한 다른 국가들과 마찬가지로 우리나라는 세계에서 가장 못사는 국가에 속했습니다. 절대빈곤에서 벗어나 잘살게 되는 것이 사람들의 소원이었습니다. 본격적으로 경제발전을 시작한 1960년대부터 우리나라는 절대빈곤에서 벗어나기 시작했습니다. 경제성장은 '한강의 기적'이라고 불릴 만큼 놀라운 일이었습니다. 여기에 또 하나의 기적이 따라붙습니다. 보통 경제발전 초기에는 불평등이 확대됩니다. 하지만 우리나라는 경제가 급속하게 성장한 시기에 소득이 비교적 고르게 분포되었습니다.

비슷한 사례가 있습니다. 대만, 홍콩, 싱가포르가 이런 나라입니다. 모두 동아시아 국가들입니다. 세계는 이 나라들을 묶어 '아시아의 네 마리 용'이라고 부를 정도였습니다. 놀라운 성적표를 받아 든 세계은행은 1993년에 『동아시아의 기적』이라는 보고서를 냈습니다. 동아시아 국가들의 특징을 '공유된 성장'shared growth으로 요약했습니다.[26] 경제의 키가 쑥쑥 커갈 때 성장의 열매가 어느 특정한 집단에 집중되는 것이 아니라 고르게 퍼져있다는 것입니다. 한강의 기적에는 고른 소득분포가 뒷받침되었다는 이야기입니다.

비결은 무엇이었을까요? 몇 가지가 있습니다. 농지개혁을 통해 땅이 비교적 고르게 분배되었습니다. 전쟁을 거치면서 지주계급은 거의 사라졌고, 지주가 자본가로 변신한 것도 아니었습니다. 계급구조가 평준화하게 '리셋'된 상태에서 공업화의 시동을 건 셈이지요. 농업사회에서 공업사회로 전환하는 초기조건이 비교적 평준화되었다는 말입니다.

공업화 전략도 한몫했습니다. 공업화 과정에서 재벌에 경제력이 집중되기도 했지만, 불평등을 억누르는 장치도 갖추어졌습니다. 한국의 경제성장은 수출이 주도했는데, 신발이나 가발처럼 품질보다는 싼 가격에 경쟁력이 있는 상품에서 출발했습니다. 가능하면 낮은 가격을 유지하기 위해 생산비용을 낮추어야 했습니다. 생산비용에는 여러

---

26 World Bank, The East Asian Miracle (Oxford University Press, 1993).

가지가 있겠지만 임금도 포함됩니다. 국가는 임금을 낮은 수준으로 책정했습니다. 지금이야 어떻게 국가가 그럴 수 있느냐고 질문할 수 있지만, 경제개발 시기에 국가는 못 하는 것이 거의 없었습니다. 국가가 임금을 최대한 낮추려고 하다 보니 모든 노동자가 저임금에 시달렸지만, 역설적으로 임금 소득의 불평등은 상당히 낮아졌습니다.

가장 중요한 것은 일자리가 급속하게 늘어났다는 것입니다. 경제가 급속하게 성장하다 보니 완전고용 상태가 실현되었습니다. 이론상 완전고용은 실업률 0%를 뜻하지만, 현실적으로 실업률이 2~3% 정도면 대략 완전고용으로 봅니다. 당시에는 인력이 부족할 정도여서 마음만 먹으면 일자리를 찾을 수 있었습니다.

완전고용은 고른 소득 배분의 일등 공신이었습니다. 공업화 이후 1990년대 중반 정도까지는 넘쳐나는 일자리가 청년들을 축복했습니다. 당시에는 '먹고 대학생'이라는 말이 생겨났을 정도로 대학생이 지금처럼 공부를 열심히 하지 않았습니다. 이유는 간단합니다. 공부 안 해도 죄다 취업이 되었기 때문입니다. 대학의 학과 사무실에는 대기업 추천서가 남아돌았습니다. 대기업 몇 군데에 동시 합격해서 고르는 게 고민인 사람도 많았습니다. 기성세대는 이 세례를 흠뻑 받아 안았습니다. 이 시대를 살아 온 기성세대는 '노~~~력'이란 말로 자신을 추억할지 모르지만, 실은 지금처럼 노력하지 않아도 먹고살 수 있는 환경에서 살았습니다.

교육도 큰 문제가 되지 않았습니다. 옛날 사람들은 배울 기회가 적었습니다. 그래서 초등학교나 중학교만 졸업한 사람도 많습니다. 대학생은 희귀했습니다. 1980년대만 하더라도 고등학교 졸업자 열 명 중 세 명 정도만 대학에 갔습니다. 그래도 별문제가 없었습니다. 중학교나 고등학교만 나와도 일자리를 찾았습니다. 학력과 상관없이 다수가 돈을 벌었기에 소득이 고르게 분포되었습니다. 일자리의 질도 단순했습니다. 당시에는 노동자라면 그 자체로 정규직을 뜻했습니다. 비정규직은 몇몇 예외적인 경우를 제외하고 거의 없었습니다. 평생 고용이 관행으로 굳어져 한 직장에서 오래 일하곤 했습니다. 젊었을 때 들어간 직장이 평생직장이었지요.

완전고용과 단순한 고용 형태에 힘입어 사람들은 절대빈곤에서 벗어난다는 목표를 서서히 실현했습니다. 교육 불평등이 있었지만 배움의 길고 짧고를 떠나 절대빈곤에서 벗어나는 데는 큰 지장이 없었습니다. 물론 고졸자와 대졸자의 임금, 대기업과 중소기업의 임금에 격차가 없지는 않았지만 그다지 크지 않았습니다. 서울에 있는 대학을 나오건 지방에 있는 대학을 나오건 큰 차이가 없었습니다. 급속한 경제성장을 이룬 시기에 우리나라 사람들의 생활은 고만고만했습니다.

이러다 보니 사람들의 생활에 일정한 틀이 있었습니다. 중학교나 고등학교만 졸업해도 일자리를 찾고 그 직장에서 오랫동안 일하면서 때가 되면 결혼해서 아이 낳고 내 집을 마련하며 자식들 시집·장가 보낼 수 있었습니다. 아무리 '없는 집'에서 태어났어도 그럴 수 있었습니다. 이것을 '표준적 생애 경로'라고 부를 수 있습니다.

생애 경로도 표준이 있었습니다. 학교를 졸업하는 시점, 직장에 들어가는 시점, 결혼하는 시점, 직장에 다니는 기간, 내 집을 마련하는 때, 직장을 그만두는 시점에 사회적으로 통용되는 기준이 있었습니다. 그리고 대다수는 그 시간표를 따라갔고, 자신의 생애 경로를 어지간히 예측할 수 있었습니다. 생애 경로의 예측 가능성이 높다는 것은 생애를 설계할 수 있었다는 것을 의미합니다.

그러나 고도성장과 완전고용의 뒤편에는 짙은 그림자가 드리워졌습니다. 그 어둠 속에 갇힌 사람들이 바로 일하는 사람들이었습니다. 노동자는 합당한 보상을 받지 못했습니다. 기업이 장사하고 수익이 남으면, 노동자가 임금으로 가져가고 기업이 이윤으로 가져가기도 합니다. 기업들의 분배를 모두 합치면 우리나라 전체에서 노동자와 기업이 가져가는 몫으로 나뉘겠지요. 이 중에서 노동자가 가져가는 비중을 노동소득분배율이라고 부릅니다. 최근에는 명칭이 피용자보수비율로 바뀌었습니다. 용어는 좀 어렵지만 뜻은 간단합니다. 분배되는 몫 중에서 노동자가 얼마나 가져가느냐는 것입니다.

우리나라가 고도성장을 구가할 때 노동자가 가져가는 몫은 매우 낮았습니다. 1960년대부터 1990년대까지 우리나라는 7~10%의 고도성장을 일구었지만, 노동자는 기업이 얻은 이익 중에서 35~59% 정도만 가져갔습니다.

[경제발전 시기 경제성장률과 피용자보수비율]

(단위 : %)

시기	1960년대	1970년대	1980년대	1990년대
경제성장률	8.8	10.5	8.8	7.3
피용자보수비율	35.5	41.6	52.5	59.5

자료 : 한국은행

경제성장이 노동자에게 돌아가는 몫을 최소화하면서 이루어졌다는 것입니다. 1970년대를 예로 들면 경제성장이 10%를 넘었는데 이 중 노동자는 이익의 41.6%, 기업은 58.4%를 가져갔습니다. 쉽게 말해 10명이 일하는 공장에서 1,000만 원을 벌면 10명이 416만 원을 나누어 가져 평균 41만 6,000원을 임금으로 받고 사장님은 혼자서 584만 원을 벌었다는 말입니다. 이처럼 경제성장이 노동자의 희생을 대가로 이루어졌습니다. 물론 사장님이 그 돈을 몽땅 집에 가져가는 것은 아닙니다. 공장도 새로 짓고 기계도 사거나 수리해야 합니다. 그러면 다음 해에 더 많은 생산을 할 수 있겠지요. 경제성장은 이렇게 이루어지는 겁니다.

노동자가 가져가는 몫이 적었다는 것은 우리나라 노동자 전체가 낮은 임금에 시달렸다는 것을 뜻합니다. 월급이 그야말로 쥐꼬리만했습니다. 적은 월급은 거의 모든 노동자에게 해당되었습니다. 노동자 대다수가 월급이 낮으니 임금이 하향 평준화되었습니다. 고른 저임금 때문에 소득이 고르게 분포되었던 것입니다.

노동자를 괴롭혔던 것은 저임금뿐만이 아닙니다. 일을 너무 오래 했습니다. 평일에는 밥 먹듯이 야근하고 휴일도 없이 일했습니다. 낮은 월급과 오래 일하는 관행을 가리켜 '저임금 · 장시간 노동체제'라고 합니다.

이러다 보니 고통받는 노동자의 절규가 끊이지 않았습니다. 전태일 열사라고, 들어 봤을 겁니다. 서울 평화시장 봉제공장에서 박봉에 시달리면서 쉬는 날도 없이 재단사로 일했습니다. 어느 날 여공 한 명이 피를 토하는 것을 보았습니다. 그 여공은 아프다는 게 알려지면 해고될까 봐 숨기려 했습니다. 전태일은 피가 끓었습니다. '바보회'라는 모임을 만들고 노동운동에 나섭니다. 근로기준법도 공부합니다. 근로기준법이 말로만 근사하지, 실제로는 어겨도 별일 없이 넘어가고 있었습니다. 1970년 11월 13일, 그는 자기의 몸을 불사르면서 외쳤습니다.

근로기준법을 준수하라! 우리는 기계가 아니다! 일요일은 쉬게 하라! 노동자들을 혹사하지 말라! 내 죽음을 헛되이 하지 말라!

이때 그의 나이 스물둘이었습니다. 전태일의 분신은 우리나라 노동운동의 이정표가 되었습니다. 한국의 노동운동은 전태일 이전과 이후로 나뉜다는 말도 있습니다. 전태일은 지금 청계천 다리에 동상으로 우리 곁에 살아있습니다.

요즘에는 어떤가요? – 외환위기 이후의 불평등

우리나라가 휘청거린 큰 사건이 1997년 말에 벌어집니다. IMF 외환위기라고, 들어 보았을 겁니다. 바로 그 사건입니다. 잘나가는 줄 알았던 기업들이 하나둘 문을 닫았습니다. 달러가 바닥났습니다. 나라 곳간이 텅텅 빈 것입니다. 정부는 국제통화기금IMF에 손을 벌려 외환을 융통했습니다. 외환위기는 뼈를 깎는 고통을 안겨주었습니다. 수많은 사람이 직장을 잃고 길거리로 내몰렸습니다. 가장들이 실직 사실을 가족에게 알리지 못하고 출근하는 옷으로 집을 나와 산에 오르기도 했습니다. '양복 등산'이라는 신조어가 생겼습니다. 우리나라 사람들이 외환위기를 극복하려는 시도는 처절했습니다. '금 모으기 운동'을 벌이기도 했습니다.

드디어 2000년 12월 4일, 김대중 대통령은 "국제 통화기금의 모든 차관을 상환하였고, 우리나라가 'IMF 위기'에서 완전히 벗어났다"라고 발표했습니다. 구제금융을 신청한 지 불과 3년 8개월 만이었습니다.

외환위기를 빠르게 극복했지만, 그 후 한국은 체질이 송두리째 바뀌었습니다. 경제성장의 발걸음이 더뎌졌습니다. 고성장 시기를 마감하고 저성장 시대로 접어들었습니다. 반면 고용률은 조금씩이나마 높아지고 있고 실업률은 3.6% 정도를 유지하고 있습니다. 피용자보수비율도 조금씩 높아지고 있습니다. 과거보다는 노동이 가져가는 몫이 늘어나고 있다는 뜻입니다.

[외환위기 이후 주요 경제지표]

(단위 : %)

시기	2000년대	2010년대
경제성장률	4.9	3.3
고용률	59.6	60.2
실업률	3.6	3.6
피용자보수비율	59.8	61.3

자료 : 한국은행, 통계청

　이런 지표만을 보면 불평등이 확산되지는 않을 것 같습니다. 저성장 시대에 접어들어도 일하는 사람은 조금씩이나마 늘고 있습니다. 일하는 사람이 많으면 소득 불평등은 누그러질 확률이 높습니다. 경제개발 시기 때 그랬습니다. 실업자도 외환위기 직후에는 크게 늘었지만, 외환위기를 극복하면서 실업률은 대략 3% 중반대를 유지하고 있습니다. 이 정도 실업률은 그다지 높은 편은 아닙니다. 노동이 가져가는 몫도 과거보다는 늘었기 때문에 소득이 고르게 분포될 공산이 높습니다.

그러나 소득 불평등은 오히려 심해지고 있습니다. 1990년부터 1997년까지 지니계수는 0.25 정도에 머물렀지만 그 후 0.3에 근접합니다. 어떤 조사에서는 0.4에 이르기도 합니다. 우리나라의 지니계수는 옆 면의 표와 같습니다.[27]

어찌 된 것일까요? 가장 중요한 것은 일자리의 질이 나빠졌기 때문입니다. 무엇보다 비정규직이 많아졌습니다. 비정규직은 형태가 다양합니다. 파견근로는 기업이 사람을 직접 고용하지 않고 인력회사에 소속된 노동자를 쓰는 것입니다. 청소나 경비 업무는 이런 경우가 많습니다. 기간제 고용은 1년이면 1년, 2년이면 2년으로 기간이 정해진 형태로, 고용안정이 보장되지 않습니다. 특수형태근로종사자는 임금근로자와 자영업자의 중간쯤 되는 고용 형태입니다. 보험설계사, 학습지 교사, 화물차 운전기사 등

---

27 소득분배지표는 가계동향조사와 가계금융복지조사를 근거로 산출한다. 최근에는 가계금융복지조사로 산출되는 소득분배지표를 공식 통계로 사용한다. 소득은 두 가지로 나뉜다. 하나는 시장소득으로, 문자 그대로 돈벌이 활동을 통해 얻는 소득을 말한다. 노동자로 일해서 받는 임금소득, 자영업자의 사업소득, 건물 임대료나 이자 같은 재산소득이 여기에 해당된다. 용돈을 주거나 받는 사적 이전소득은 그 액수만큼 보태거나 뺀다. 다른 하나는 처분가능소득으로, 시장소득에서 세금이나 사회보험료 같은 공적 이전지출은 제외하고, 정부로부터 받는 생계비나 재난지원금 등 공적 이전소득은 더한다. 처분가능소득은 주머니에 들어 있어 실제로 쓸 수 있는 소득을 뜻한다.

[한국의 지니계수]

연도	가계동향조사		가계금융복지조사	
	시장소득	처분가능소득	시장소득	처분가능소득
2006	0.330	0.306		
2007	0.340	0.312		
2008	0.344	0.314		
2009	0.345	0.314		
2010	0.341	0.310		
2011	0.342	0.311	0.418	0.388
2012	0.338	0.307	0.411	0.385
2013	0.336	0.302	0.401	0.372
2014	0.341	0.302	0.397	0.363
2015	0.341	0.295	0.395	0.352
2016	0.353	0.304	0.402	0.355
2017			0.406	0.354
2018			0.402	0.345
2019			0.404	0.339
2020			0.405	0.331
2021			0.405	0.333

자료 : 통계청, 「가계동향조사」, 「가계금융복지조사」

이 이런 형태입니다. 비정규직은 '고용 형태의 다양화'로 점잖게 표현되지만 사실상 정규직 고용에서 벗어나는 고용 형태를 통틀어 이르는 말로 이해하면 됩니다. 임금근로자 중 1/3이 조금 넘는 사람들이 비정규직입니다.[28]

일자리의 질이 나빠지게 된 결정적인 계기는 바로 외환위기였습니다. 국제통화기금은 돈을 빌려주면서 여러 조건을 내걸었습니다. 보통 서로 돈을 빌리고 빌려줄 때 언

---

28 통계청, 「경제활동인구조사」.

제까지 갚을 것이며, 이자는 얼마나 쳐 줄 것인지를 정합니다. 국제통화기금은 한술 더 떴습니다. 가방 한쪽에는 돈을 들고, 다른 한쪽에는 신자유주의를 잔뜩 들고 들어와 풀어 놓았습니다. 금리 인상, 부실기업 정리, 구조조정, 금융시장 개방 같은 것들이었습니다. 다급했던 정부는 국제통화기금의 요구를 대부분 수용했습니다. 이때부터 신자유주의가 먹구름처럼 하늘을 뒤덮었습니다.

우리나라에 착륙한 신자유주의가 한국인의 삶에 직접 타격을 준 곳은 일터였습니다. 신자유주의는 일자리에서 작동했던 규칙을 풀어헤쳤습니다. 국제통화기금이 한국에 돈을 빌려주는 대신 내건 조건 중에는 노동시장 유연화가 들어 있었습니다. 일자리 규칙이 너무 경직된 것이 문제이니 그것을 고치라는 겁니다.

노동시장 유연화는 형태가 다양합니다. 정리해고 제도가 도입되었습니다. 기업이 사정이 좋지 않을 때 일정한 절차를 거쳐 직원을 해고할 수 있게 되었습니다. 비정규직의 확산도 노동시장 유연화의 또 다른 형태입니다.

기업은 노동시장 유연화 물결에 편승했습니다. 외환위기로 큰코다친 기업들은 과거처럼 몸집을 불리기보다는 수익 내기에 몰두하면서 실속을 차리기 시작했습니다. 기업은 덩치 줄이기를 통해 다이어트에 들어갔습니다. 기업이 알짜배기로 간주하는 사업이나 인력만 남기고 정리하기 시작했습니다. 기업이 필요한 일을 떼어내어 다른 기업이나 노동자에게 맡기기도 합니다. 외주화라고 합니다. 일거리가 늘어 사람이 더 필요해도 비정규직으로 채용합니다. 모두 비용을 줄이기 위해서입니다. 평생직장이라는 관념도 사라지기 시작했습니다. 직장에 들어가도 은퇴할 때까지 다니는 경우는 이제 흔치 않습니다.

겉으로 보이는 수치는 괜찮아도 내용은 빛 좋은 개살구처럼 부실해졌습니다. 일자리의 질이 나빠지다 보니 좋은 일자리가 희소가치가 되었습니다. 월급도 많고 해고될 걱정 없이 다닐 수 있는 직장은 많지 않습니다. 과거와는 다른 새로운 문제가 나타난 겁니다.

일자리가 불안하다 보니 사는 모습도 바뀌었습니다. 이제 예전의 표준적 생애 경로는 한국인 대다수가 아니라 일부에게만 열려 있습니다. 안정적 삶에 이르는 초대장은 소수에게만 주어집니다. 20세기 후반에는 그렇게 살고 싶지 않아도 그렇게 살게 되는 형태가 바로 표준적 생애 경로였는데, 21세기에는 그렇게 살기 어렵게 되었습니다. 청년들이 노량진에서 컵밥으로 끼니를 때우며 공무원·

공기업 시험 준비에 몰두하고 중소기업은 외면한 채 대기업에 시선을 두는 이유가 바로 이것입니다. 요즘에는 시선이 전문직으로 옮겨가고 있다고 합니다. 전문직에 종사하면 생활이 안정될 수 있다고 보는 거지요.

삶을 예측하기도 어렵게 되었습니다. 취업부터 퇴직까지 고용이 안정되면 안락한 생애 경로에 진입할 가능성이 그만큼 커지겠지만 현실은 정반대입니다. 고용이 불안정하여 취직했다가 직장을 그만두고 재취업과 실업을 반복하면 안정된 생애 경로에서 멀어지게 될 겁니다. 안정된 삶의 궤도에 오르지 못하는 사람이 많아졌습니다. 설령 안정된 삶이라는 열차에 올라타도 중간중간에 승차표 검사를 당합니다.

외환위기 당시에는 국제통화기금을 비판하는 사람들이 많았습니다. 뒷담화지만 국제통화기금도 나중에는 한국에게 지나치게 가혹한 처방을 내린 것은 실수였다고 인정합니다. 하지만 뒤늦은 고해성사가 무슨 소용이 있겠습니까? 아직도 우리는 신자유주의의 늪에서 벗어나지 못하고 있습니다.

교육 불평등은 왜 심해졌나요? - 서열화와 자유화

신자유주의 물결은 경제나 일자리에 국한되지 않고 교육에도 영향을 미쳤습니다. 한국에서 교육 불평등의 역사는 학교 서열화와 사교육의 역사와 궤적을 같이한다고 말해도 지나치지 않습니다. 지금이야 학교 서열화가 대체로 고등학교나 대학교를 두고 하는 말이지만 과거에는 중학교까지 번져 있었습니다. 1968년까지는 중학교에 입학할 때도 시험을 치렀습니다. 초등학생들도 명문 중학교에 입학하기 위해 치열한 경쟁을 거쳤습니다. 명문 중학교에 입학하면 명문고와 명문대로 이어지는 길이 활짝 열린다고 보았기 때문입니다. 지방에서 공부 좀 한다는 학생은 어린 나이부터 서울로 유학 가는 경우가 종종 있었습니다. 하지만 초등학교 때부터 입시경쟁에 시달리게 한다는 비판이 일어난 데다 시험문제 출제오류가 재판으로 이어지기도 했습니다. 파행이 연속되자 1969년에 중학교 입시가 폐지되었습니다. 이른바 '뺑뺑이'^{추첨제}로 전환된 것입니다.

중학교 선발고사가 폐지된 이후 입시경쟁은 고등학교로 옮겨갔습니다. 명문대 잘 보내는 명문 고등학교가 있었습니다. 서울에서는 경기고, 서울고, 경복고가 3대 명문 고로 불렸고 경기여고 역시 명문으로 꼽혔습니다. 지방에 서도 경남고, 부산고, 경북고, 광주일고, 대전고 등이 명문 고였습니다. 모두 '입결'이 좋은 학교였기 때문입니다. 고 등학교의 서열화는 수많은 병폐를 낳았습니다. 서열화에 대한 비판이 쏟아지면서 1974년부터 무시험 고교 배정, 즉 고교평준화 정책이 시행되었습니다. 고등학교 역시 '뺑뺑이'로 바뀌었습니다.

사교육도 문제로 지적되었습니다. 중고등학교 입학부 터 경쟁이 치열해지자 사교육이 성행했습니다. 중학교 입 시 폐지, 고교평준화 정책에도 불구하고 사교육은 줄어들 지 않았습니다. 입주 과외도 있었습니다. 과외선생님이 학생 집에 살면서 가르치는 겁니다. 사교육은 과도한 입 시경쟁을 야기하고 가계의 부담을 낳는 것으로 비판의 대 상이 되었습니다.

1960~70년대에 걸쳐 불붙은 사교육은 1980년 7월 30일 과외 전면 금지 조치로 중단되었습니다. 군사정권 이 들어서면 부족한 정통성을 메우기 위해 사회적 불만을 해소하는 사건을 만들어내곤 합니다. '사회악 일소' 같은 속 시원한 구호를 내걸기도 합니다. 쿠데타로 정권을 장

악한 전두환 신군부는 사교육으로 등골 휜다는 여론을 등에 업고 과외를 금지했습니다. 그 후 과외는 20년 동안 금지되었습니다. 물론 과외를 몰래 하는 경우가 있었습니다. 이른바 '몰래바이트'라고 했습니다. 단속에 걸린 대학생이 고개를 푹 숙이는 모습이 가끔 TV 카메라에 잡히기도 했습니다.

사교육은 조금씩 살아나다가 2000년에 다시 전면적으로 인정되었습니다. 계기는 위헌법률 심판이었습니다. 당시 「학원의 설립·운영에 관한 법률」 제3조는 "누구든지 과외교습을 하여서는 아니 된다"라고 했습니다. 그런데 ○○교육의 대표인 아무개 씨는 1995년 12월부터 1997년 10월경까지 PC통신에서 '○○방'을 개설하고 문제를 내서 질문을 받고 응답하는 방식으로 과외교습을 하고 회원 2,415명으로부터 약 3억 7,000만 원을 받았습니다. 재판을 맡은 법원은 이 법률이 헌법에 위반된다는 의심을 하게 되고 직권으로 위헌 여부의 심판을 제청했습니다.

공은 헌법재판소로 넘어갔습니다. 헌법재판소는 2000년 4월 27일, 과외 금지 조치가 배우고자 하는 아동과 청소년의 권리, 자녀를 가르치고자 하는 부모의 교육권, 과외교습을 하고자 하는 개인의 직업선택의 자유와 행복 추구권을 제한한다고 판단했습니다. 헌법재판소의 판정이 불평등을 고려하지 않은 것은 아닙니다. 그러나 사교육을 억제하는 것이 방법은 아니라는 것이었지요. 과외교습 금지로 개인의 기본권 행사인 사교육을 억제함으로써 교육의 평등을 실현할 수는 없다는 겁니다. 이렇게 1980년 이후 20년 동안 유지된 과외 금지 조치는 헌법재판소의 위헌 결정으로 마침표를 찍게 됩니다. 이후 현재까지 사교육 시장은 활황을 구가하고 있습니다.

헌법재판관 중 유일하게 과외 금지 조치가 헌법에 합치한다는 의견을 낸 이영모 재판관은 이렇게 보았습니다.

1997. 12. 초에 시작된 IMF국제통화기금 외환위기 수습에 몰두하는 동안, 우리 사회는 실업자의 증가, 빈곤층의 확대, 중산층의 축소 등 부의 양극화 현상이 두드러진 시대를 맞게 되었다. 모든 국민의 실질적 평등을 보장하기 위한 사회보장·사회복지 정책을 실현하여 계층 간의 위화감 해소가 절실한 시기이자 사회적 안정과 통합이 어느 때보다 중요시되는 시점인 것이다. 그런데 새로운 세기의 경제운용의 기반 또한 인간의 이기심에 의하여 지탱되는 자본주의라는 점에 이론異論이 없으므로, 우리에게 주어진 과제도 자본주의의 약점인 부익부, 빈

익빈으로 인한 계층 간의 간격과 괴리乖離를 어떻게 조정·배려하여 공동체 의식을 슬기롭게 유지·보완할 수 있느냐의 문제를 해결하는 데 있다. 따라서 사회복지국가의 지향이라는 관점에서, 사회·경제적 강자의 경제적 자유권, 이른바 재산권의 보장, 계약의 자유, 직업의 자유에 대한 적극적인 제한이 불가피하고, 사회·경제적 약자는 이 제한을 통하여 헌법이 규정한 사회권을 향유하여 인간다운 생활을 영위할 수 있게끔 되는 것이다.[29]

이영모 재판관의 눈에는 사교육이 전면적으로 확대될 경우 가정형편이 어려운 학생들이 겪게 될 고난이 눈에 들어왔을 것입니다. 2장에서 본 21세기 한국의 교육 불평등은 그의 걱정이 기우가 아니었음을 말해줍니다. 신자유주의가 교육 부문에 침투할 때 어떤 결과가 초래되는지를 뚜렷하게 보여주는 사례입니다.

---

29 헌법재판소, 「학원의 설립·운영에 관한 법률 제22조 제1항 제1호 등 위헌 제청, 학원의 설립·운영에 관한 법률 제3조 등 위헌 확인」(2000.4.27. 98헌가 16, 98헌마429(병합) 전원재판부).

민주주의가 발전하면 해결되지 않나요? - 허당 경제민주주의

민주주의는 인민의 지배를 뜻합니다. 인민이 지배한다는 말은 인민의 의지가 관철되는 정치체제를 갖춘다는 말이지요. 백성의 의지가 곧 공동선입니다. 평등한 세상도 공동선 중 하나입니다. 그래서 민주주의는 공동선^{共同善,} common good을 실현하는 데 쓸모가 있습니다.

그런데 어느 사회나 강자는 소수고 약자는 다수입니다. 그리고 강자인 소수는 약자인 다수를 지배할 권력을 가지고 있는 것이 현실입니다. 인민의 지배라는 민주주의가 가지는 현실적인 뜻은 다수인 약자가 소수인 강자를 통제할 힘을 가지고 있다는 것입니다. 이것이 민주주의의 세포입니다. 민주주의 세포가 증식할 때 비로소 불평등이 누그러질 수 있습니다.

경제에도 민주주의가 있습니다. 우리 헌법은 경제에 민주주의를 들여놓았습니다. 대한민국 헌법 119조 2항에는 이렇게 쓰여 있습니다.

국가는 균형 있는 국민경제의 성장 및 안정과 적정한 소득의 분배를 유지하고, 시장의 지배와 경제력의 남용을 방지하며,

경제주체 간의 조화를 통한 경제의 민주화를 위하여 경제에
관한 규제와 조정을 할 수 있다.

민주화니 민주주의니 하는 말은 정치에나 쓰이는 말인
줄 알았는데, 경제에도 민주화가 나타났습니다. 경제민주
화가 무엇을 뜻하는지에 대해서는 의견이 갈립니다. 하지
만 적어도 경제민주화 조항이 재벌이나 대기업 등 경제적
강자의 과도한 영향력을 제한하고 다양한 경제주체들이
서로의 이해관계를 조화롭게 함을 의미한다는 데는 의견
이 모아집니다.

경제민주화가 헌법에 들어간 배경에는 우리나라 재벌
과 대기업에 대한 평가가 자리 잡고 있습니다. 대기업은
한국의 경제성장에 톡톡히 기여했습니다. 세계에서 최고
수준의 기술을 개발하고 시장을 이끄는 대기업도 적지 않
습니다. 그러나 대기업은 한국 경제에 엄청난 폐해를 가
져오기도 했습니다. 회계장부를 허위로 작성하고 주가를
조작하는가 하면 부동산 투기나 탈세를 저지르기도 했습
니다. 어쩌다 문제가 터지면 조세감면이나 구제금융 같은
형식으로 온 국민이 도와서 살려내는 경우가 허다했습니
다. 이윤은 대기업이 가져가고 손실은 국민이 떠안게 된

것이지요.

대기업은 문어발처럼 몸집을 불려 경제 지배력을 키우기도 했습니다. 이 과정에서 대기업은 완제품을 만들고 부품은 중소기업이 조달하는 체계가 만들어졌습니다. 이것을 수직적 계열화라고 부릅니다. 피라미드처럼 대기업이 꼭대기를 차지하고 중소기업이 떠받치는 짜임새입니다. 이러다 보니 대기업과 중소기업은 힘에 차이가 크게 납니다. 권력관계에 불균형이 생기는 것이지요. 권력은 상대방이 다른 뜻을 품고 있어도 나의 뜻을 관철할 수 있는 힘입니다.[30] 대기업은 중소기업에 자기의 의지를 관철할 힘을 가지고 있습니다. 역시, 기울어진 운동장입니다.

운동장이 기울었으니 대기업의 뜻이 중소기업에 관철되기 쉽습니다. 납품단가 문제가 특히 그렇습니다. 중소기업이 대기업에 물건을 공급할 때 보통 물건 하나당 얼마씩 하기로 정합니다. 올해 100원이었는데 다음 해에는 90원으로 하자고 대기업이 요구하면 중소기업은 울며 겨자 먹기로 따르게 됩니다. 그 가격에라도 납품해야 기업을 유지할 수 있기 때문입니다. 우리가 흔히 보는 프랜차

---

30 Max Weber 지음, 박성환 옮김, 『경제와 사회 1』 (문학과지성사, 2003).

이즈 음식점의 가맹점도 비슷합니다. 이러다 보면 중소기업에서 일하는 노동자는 월급이 올라가기 어렵습니다. 설령 올라가도 대기업 종사자보다는 덜 올라갑니다.[31]

정부도 가만히 있는 것은 아닙니다. 뉴스에 가끔 공정거래위원회가 나옵니다. 이곳은 기업 간의 공정하고 자유로운 경쟁을 보장하기 위한 경제활동의 기본질서 확립을 목적으로 하는 정부 기관입니다. 이 기구의 주요 활동 영역 중 하나가 경제력 집중 억제입니다. 실제로 공정거래위원회는 대기업 집단 사이 또는 대기업과 중소기업 간의 부당 거래를 규제하는 역할을 하고 있습니다.

그러나 한국의 경제민주화에는 근본적인 한계가 있습니다. 대통령은 5년마다 바뀌지만, 재벌은 교체되지 않는 권력입니다. 권력에 있어 무한대에 가까운 안정성을 누립니다. 이 안정성을 바탕으로 재벌은 시장이라는 마당에서 시장의 질서를 자기 뜻대로 형성할 수 있는 권력을 가지고 있습니다.

또한 대기업은 강자들과 손을 잡는 경우도 흔합니다. 정치인, 언론, 검찰 같은 이들입니다. 혹시 '내부자들'이라

---

31 원자재 가격 상승분을 납품단가에 반영하는 「대·중소기업 상생협력 촉진에 관한 법률」 개정안이 국회에서 통과되어 2023년 7월부터 시행될 예정이다.

는 영화를 알고 있나요? 그 작품에 등장하는 사람들입니다. 이처럼 정치권력과 경제권력이 짬짜미하는 현상을 정경유착政經癒着이라고 부릅니다. 재벌은 비자금을 만들어 정권에 돈을 대주고, 정권은 재벌을 비호하는 식입니다.

언론도 마찬가지입니다. 신문이든 TV든 언론은 수요자로부터 받는 이용료, 즉 신문이면 구독료, TV면 시청료로 먹고삽니다. 하지만 언론사 수입의 반 이상은 광고 매출에서 나옵니다. 언론에 광고를 내는 사람을 광고주라고 하는데, 광고주의 대부분은 기업입니다. 기업이 광고를 끊으면 언론사는 유지되기 어렵습니다. 대기업에 대하여 비판적인 기사보다 우호적인 기사가 많은 이유가 바로 여기 있습니다. 경제권력과 언론권력이 짬짜미한다는 뜻으로 경언유착經言癒着이라는 말이 생겨났을 정도입니다.

이들의 연맹체는 평상시에는 잘 드러나지 않습니다. 무슨 사건이 터져야 비로소 서로 봐주고 있구나, 하는 것을 알게 됩니다. 헌법에도 떡하니 박혀 있는 경제민주화인데 겉으로 보기에는 멀쩡해도 속내는 부실합니다. 경제민주주의가 허약합니다. 민주주의가 겉으로 번지르르해도 정작 국민의 뜻을 실현하지 못한다면 말짱 소용없습니다. 경제가 불평등을 억제하기보다 오히려 확대하는 경향이 있다면 경제민주화는 허당입니다.

사람들 마음씨가 착하면 되지 않나요? – 목소리 격차

이왕 민주주의 이야기를 했으니 정치 이야기를 해볼게요. 정치에는 두 가지 의미가 있습니다. 하나는 권력투쟁입니다. 좁은 의미의 정치라고 할 수 있습니다. 대통령·국회의원·시장·도지사가 누가 되느냐, 국회에서 어느 정당이 다수를 차지하느냐 같은 것들이죠.

넓은 의미의 정치는 사회를 만들어가는 일입니다. 어떤 사회가 바람직한지에 대해서는 시각이 다양합니다. 서로 다른 견해를 가진 사람들이 사회가 나아갈 방향에 대하여 함께 토론하고 결정해서 한 걸음씩 나아가는 것이 바로 정치입니다. 이럴 때 정치는 대통령 집무실이나 국회에만 있는 것이 아니라 우리의 일상생활 자체에 스며있습니다. 학교에는 교장·교감 선생님을 비롯해 여러 선생님이 있고 학생과 학부모도 있습니다. 중요한 정책을 학교운영위원회에서 결정하기도 합니다. 이것이 학교정치입니다. 넓은 의미의 정치에서 보면 매일매일 삶을 살아내는 모든 사람이 모두 정치인입니다. 우리의 삶을 결정짓는 게 바로 넓은 의미의 정치입니다.

불평등은 구조적 요인만으로 심화되는 것이 아닙니다. 우리가 일상생활에서 하는 행동 자체가 불평등을 확대할 수도 혹은 억제할 수도 있습니다. 그런데 불행하게도 한국인 대다수의 행동에는 불평등을 일으키거나 확대하는 것들이 있습니다.

생활이 불안해지니 한국인은 사람다운 삶을 놓고 처절한 생존 투쟁을 벌이고 있습니다. 생존 투쟁은 사람들의 마음씨를 가리지 않습니다. 사람의 본성이 착하든 악하든 생존 투쟁에 예외는 없습니다. 생존 투쟁에는 내부자와 외부자가 따로 없습니다. 외부자는 물론이고 내부자도 생존 투쟁에 나서지 않을 수 없습니다. 내부자라고 모두 안정적인 삶이 가능한 것이 아니기 때문입니다. 그런데 치열한 생존 투쟁에서 내부자의 입지가 단단해지는 경향이 있습니다.

노동조합의 예를 들어 볼게요. 우리나라의 노동운동은 인권을 바로 세우고 민주화를 이루는 데 엄청나게 공헌했습니다. 그런데 노동조합은 기본적으로 노동자의 이익을 도모하는 단체입니다. 노동조합이 노동자의 이익을 실현하는 것은 당연한 일입니다. 노동조합이 노동자의 이익을 도모하는 대표적인 수단은 경영진과 노동조건에 대하여 약속을 정하는 것입니다. 이 약속을 정하는 과정을 단체교섭이라고 하고, 단체교섭을 통해 만들어지는 약속을 단체협약이라고 부릅니다. 단체협약에서 월급을 얼마로 할지, 휴가는 며칠로 할지 등등이 정해집니다.

노동조합이 결성된 기업일수록 노동조건이 좋아지겠지요. 현재 우리나라는 노동조합에 가입할 수 있는 노동자 8명 중 한 명꼴로 노동조합에 가입되어 있습니다. 상대적으로 노동조건이 좋은 대기업에 노동조합이 잘 결성되어 있습니다. 기업 규모에 따른 노동조합 조직현황은 다음과 같습니다.

[기업 규모별 노동조합 조직률(2021년)]

(단위 : %)

30명 미만	30~99명	100~299명	300명 이상
0.2	1.6	10.4	46.3

자료 : 고용노동부, 「전국노동조합조직현황」

이처럼 노동조건 개선을 위한 목소리를 내는 데 있어 기업 규모에 따라 격차가 큽니다. 규모가 큰 기업일수록 노동조합이 잘 결성되어 있고 작은 기업일수록 경영진의 입김이 강하게 작용하니 불평등이 커집니다.

내부자의 위치를 강화하는 요인 중 하나는 기업별 노조 체제입니다. 노동조합과 경영진이 월급을 결정하면 그 기업에만 적용됩니다. 이게 무슨 문제인가 할 수도 있지만, 노동조합과 사용자가 맺는 노동조건에 관한 약속이 그 기업에만 적용되는 나라는 우리나라와 일본 정도입니다. 독일은 자동차 만드는 회사들의 경영진들과 노동조합이 모여 단체협약을 맺으면 자동차 회사 대부분에 적용됩니다. 이것을 산업별 노사관계라고 부릅니다. 유럽에는 노동조합이 개별 기업보다는 산업별로 결성되어 있고 산업별 노사관계가 정착되어 있습니다. 이러다 보니 불평등이 낮은 수준으로 유지되는 겁니다.

우리나라의 노동조합도 기업별 노동조합의 문제점을 잘 알고 있습니다. 내부자들은 집단으로 목소리를 내는 데 반해 외부자들은 자신의 목소리를 낼 통로가 좁은 겁니다. 조금 어려운 말로 대표성 격차라고 합니다. 그래서 유럽처럼 산업별 노조 체제로 바꿔 보자는 흐름이 나타나고 있습니다. 하지만 여전히 임금은 개별 사업장 수준에서 결정되고 있습니다.

불평등이 정당하다고요?

불평등은 눈에 잘 보인다? – 불평등 가면 벗기기

인도는 아직 카스트 제도가 있는 계급사회입니다. 계급을 넘나드는 사랑도 금지하는 문화입니다. 이 때문에 명예살인이라는 끔찍한 사건이 종종 벌어집니다. 명예살인이란 가문의 명예에 먹칠한 가족이나 친지를 죽이는 행위를 말합니다. 2016년에도 천민 신분 남성이 자신보다 신분이 높은 여성과 결혼했다가 여성의 친척에게 살해당하는 사건이 벌어졌습니다. 사람들이 신분제가 정당하다는 생각에 젖어 있기에 생겨나는 비극입니다.

사람은 생각하는 동물이라고 합니다. 사람들의 생각도

가지각색입니다. 열 명이 있으면 열 가지 생각이 있습니다. 그런데 사회구성원 다수가 공통으로 가지는 생각들이 있습니다. 이런 생각들은 태어날 때부터 머릿속에 들어있었던 게 아닙니다. 살아가면서 배우고 익혀서 머릿속에 자리를 잡게 되지요. 사람들의 머릿속에 살포시 들어앉은 생각들에는 특정한 관념이 주입된 것들이 많습니다. 이런 생각이 소복소복 쌓이면 고정관념이 되어 의식 세계를 지배하게 됩니다. 가랑비에 옷 젖듯이 말이지요.

역사 서술에도 특정한 관점이 녹아 들어가 있습니다. 고려시대에 신분 해방을 부르짖은 만적의 운동을 우리는 '만적의 난'으로 기억합니다. 신분 해방 운동을 '난'으로 표현하는 순간, 만적은 사회질서를 어지럽힌 못된 놈이 됩니다. 맞는 말입니다. 만적이 사회질서를 어지럽힌 것은 분명합니다. 그런데 만적이 해체하려 했던 사회질서가 무엇이었나요?

바로 신분 질서였습니다. 왕이나 귀족이 보기에 만적은 자신들의 안녕을 위협하는 존재였을 겁니다. 이들은 신분 질서 해체 운동을 공동체의 안녕을 위협하는 시도로 그립니다. 지배자에게 공동체의 안녕은 바로 자신의 안녕을 의미합니다. 특권층의 안녕을 공동체의 이익과 같은 것으로 보면 신분 질서는 정당한 것으로 인식됩니다.

만적의 신분 해방 운동을 '난리'로 규정하는 관점이 널리 퍼지면 신분 체제는 은연중에 정당한 것이 됩니다. 우리가 만적의 신분 해방 운동을 '난'으로 부르는 순간, 우리는 알아채지 못하는 사이에 지배자의 시각에서 만적을 기억하게 됩니다. 사회구성원 대다수는 지배자의 위치에 있지 않은데, 지배자의 입장에 스며들게 되는 거지요.

고려 말에 이성계는 위화도 회군으로 정권을 장악한 후 고려를 무너뜨리고 조선이라는 나라를 세웁니다. 최영이 이성계를 제압하고 고려가 지속되었다면 아마도 역사는 위화도 회군을 '이성계의 난' 정도로 기록했을 겁니다. 반란의 우두머리가 되어 참형을 면치 못했을지 모르는 이성계는 나중에 '용비어천가' 같은 판타지 소설에서 구세주로 등극하게 됩니다. 역사는 승자의 기록이라는 게 이런 뜻입니다.

왕의 업적을 서술하는 대목도 비슷합니다. 역사 교과서는 종종 왕권 강화를 업적으로 제시합니다. 왕권 강화가 정말 업적일까요? 왕권 강화는 요새 말로 해석하면 민주주의가 아니라 독재체제를 수립했다는 말입니다.

역사 서술뿐이 아닙니다. 우리가 흔히 듣는 이야기나

속담도 마찬가지입니다. 그중에는 불평등에 관한 이야기가 있는데, 특히 성 불평등을 정당화하는 속담이 많습니다. '암탉이 울면 집안이 망한다' 같은 것들이지요. 여성들이 목소리를 높이면 안 되고 행동을 조신하게 해야 한다는 말인데, 여성에게 순종을 강요하고 남성의 지배를 정당화합니다. 이런 속담은 이제 구시대의 유물이 되었습니다. 양성평등은 소중한 가치입니다. 옛말 중에는 틀린 게 수두룩합니다. 옛말 틀린 것 하나 없다고 하는데, 그 말도 틀렸습니다.

이제 우리나라는 더 이상 신분사회가 아닙니다. 적어도 귀족, 양반, 중인, 노비처럼 태어날 때부터 신분을 꼬리표처럼 달고 살지는 않습니다. 인도처럼 계급이 있는 것도 아닙니다. 남성과 여성은 동등합니다. 그렇다고 불평등을 정당화하는 이야기가 사라진 것은 아닙니다.

불평등을 정당화하는 이야기는 여러 가지 가면을 쓰고 있습니다. 불평등이 쓴 가면은 가시 돋친 장미와 같습니다. 불평등의 가면은 너무나도 매력적이어서 사람들을 현혹하는 마술을 부립니다. 언뜻 불평등에 관한 이야기가 아닌 것 같아도 따지고 보면 불평등을 정당화하는 이야기들이 많습니다. 그래서 그냥 스쳐 지나가면 알아차리기 어렵습니다.

불평등을 정당화하는 이야기는 내용이 다양합니다. 어떤 이야기는 불평등한 현실을 말하지 않습니다. 감추고 싶은 비밀이기 때문입니다. 심지어 불평등이 옳다고 대놓고 말하는 이야기도 있습니다. 불평등이 정당하다고 말하는 이야기도 있습니다. 불평등임을 일면서도 불평등을 옹호하는 겁니다. 자기한테 득이 되는 일인데 전체에게 득이 된다고 포장하기도 합니다.

불평등을 정당화하는 그럴듯한 가면에는 공통점이 있습니다. 강자들의 편에 서 있다는 것입니다. 겉으로 고고한 가치를 내세우더라도 껍데기를 벗겨 보면 강자의 이익이라는 알맹이가 드러납니다. 가면을 벗기지 않은 채 '아, 그렇구나' 하고 그냥 넘어가면 우리는 거짓된 이야기를 그냥 곧이곧대로 믿게 됩니다.

오늘날 우리 사회에서 불평등을 정당화하는 이야기에는 어떤 것이 있을까요? 지금부터 그 가면을 벗겨보려고 합니다.

세상은 원래 불평등한 거야? - 숙명론

예전에 '가난은 나라님도 못 구한다'라는 말이 있었습니다. 가난에서 벗어나는 일은 어찌해 볼 도리가 없다는 뜻입니다. 가난한 사람이 가난하게 사는 건 불가피한 일이기 때문에 가난한 현실을 그대로 받아들이라는 뉘앙스를 풍깁니다. '가난'이라고 쓰고 '숙명'이라고 읽는 것이지요.

숙명론은 옛말에 불과한 것 같지만 아직도 사람들의 머릿속에는 비슷한 생각이 자리 잡고 있습니다. 얼마 전까지만 하더라도 부자들이 잘살아야 가난한 사람들도 그 덕에 잘살게 된다는 생각이 퍼져 있었습니다. 물이 위에서 아래로 떨어지듯 부자들이 잘살면 가난한 사람들에게도 떡고물이 돌아간다는 말입니다. 이것을 낙수효과라고 합니다. 숙명론의 변종입니다. 가난한 사람이 잘살게 되는 것이 부자의 손에 달려있다고 보기 때문입니다.

불평등과 빈곤은 어느 시대에나 있습니다. 모든 사람이 희소가치를 똑같이 배분받는 세상은 없습니다. 우리가 살고 있는 자본주의 세상은 더욱더 그렇습니다. 자본주의 사회는 땅과 기계를 가진 자본가와 빈털터리 노동자로 구성된 사회이니 태생 자체가 불평등합니다. 숙명론은, 불평등은 피할 수 없고 원래 자본주의는 불평등한 거라는 생각을 바탕에 깔고 있습니다.

그러나 가난은 숙명이 아닙니다. 같은 자본주의라 해도 자본주의 나름입니다. 어떤 자본주의에서는 불평등이 더 심한데 어떤 자본주의에서는 덜합니다. 같은 나라라 해도 자본주의의 체질이 바뀌면 불평등은 달라집니다. 우리나라는 급속한 경제성장 시기에도 소득이 비교적 고르게 분포되었습니다. 가난에서 벗어나는 일도 어찌할 도리가 없는 것이 아니었습니다. 그런데 우리나라는 이제 불평등한 나라가 되었습니다. 이것도 한국 자본주의의 체질이 바뀌었기 때문입니다.

불평등과 가난은 하늘이 정해준 숙명이 아닙니다. '원래'는 원래부터 없습니다. 세상이 불평등한 건 원래 그런 게 아니라 무엇에 의해 만들어진 겁니다. 그렇기에 우리의 손으로 극복할 수 있습니다. 무기력이나 패배주의에 빠질 게 아닙니다. 세상이 원래 불평등하다면 불평등을 누그러뜨리려는 노력이나 제도가 무슨 소용이 있겠습니까? 이제는 낙수효과가 아니라 분수효과가 중요합니다. 밑에서 물이 잘 솟아야 분수가 시원하게 물을 뿜습니다. 대중들이 잘사는 사회가 되어야 경제도 건강해질 수 있습니다.

불평등과 직접 관련된 이야기는 아니더라도 우리 주변에는 숙명론을 닮은 이야기가 꽤 있습니다. '피할 수 없으면 즐겨라'라는 말이 그렇습니다. 꺼리고 싶은 상황이지만 맞이할 수밖에 없다면 차라리 흔쾌히 응하라는 말이지요. 아닙니다. 어려운 상황을 떨떠름하게 즐기기 전에 좋은 세상을 함께 만들어가야 합니다. 다 함께 즐겁게 살 수 있도록 말이죠.

나는 너희와 다르다? – 구별 짓기

어차피 대중들은 개, 돼지입니다. 거, 뭐 하러 개, 돼지들한테 신경을 쓰시고 그러십니까? 적당히 짖어대다가 알아서 조용해질 겁니다.

영화 '내부자들'에서 조국일보 논설주간 이강희가 미래자동차 회장 오현수에게 여론에 신경 쓰지 말라며 조언하듯 내뱉은 말입니다. 신정당의 유력한 대통령 후보 장필우는 이들과 동맹을 맺고 뒤를 봐줍니다.

영화의 대사인 줄만 알았는데 그런 일이 실제로 벌어졌

습니다. 2016년 7월 교육부 고위 관료가 어느 신문기자와 만난 자리에서 "신분제를 공고화해야 한다. 민중은 개·돼지로 취급하면 된다"라는 말을 했습니다. 이 발언이 그 신문에 기사로 나오자 온 국민이 화가 치밀었습니다. 중앙정부의 고위 공직자, 그것도 우리나라의 교육정책을 설계하는 사람의 입에서 나온 말이니 충격이 이만저만 아니었습니다.

대중을 비하하는 말은 높은 지위를 차지한 사람들의 삐뚤어진 인식을 나타냅니다. 그런데 우리 안에도 남들을 깔보는 마음가짐이 있습니다. 사람이 어떤 지위나 위치를 갖는 데는 다 그럴 만한 이유가 있고 그런 취급을 받는 것이 마땅하다는 인식이 우리 안에 널리 퍼져 있습니다.

어느 배달종사자가 있었습니다. 그날도 한 집에 음식 배달을 갔습니다. 음식 꾸러미를 건네고 돌아서는데 엄마가 아이에게 건네는 말이 들렸습니다. "공부 열심히 안 하면 저 사람처럼 된다." 실화입니다.

거리에서 대학교와 학과 이름이 새겨진 점퍼를 입고 다니는 모습을 종종 보게 됩니다. '과잠'이라고 불리죠. 값이 싸고 입기 편하니 입을 수도 있습니다. 같은 점퍼를 입으면 소속감이나 동질감을 느끼기도 할 겁니다. 그런데 다른 측면도 있습니다. '나는 ○○대학교에 다니는 사람'이라는 걸 과시하는 경우도 있을 겁니다. 이름이 알려진 대학교의 점퍼를 입은 경우는 흔하지만 그렇지 않은 대학교의 점퍼를 입은 경우는 흔하지 않습니다. 점퍼가 자부심과 우월감을 드러내는 상징인 셈이지요.

이런 마음가짐을 구별 짓기라고 합니다.[32] 명품 가방을 들고 다니는 것도 구별 짓기를 반영합니다. 같은 아파트인데도 자가自家에 사는 사람들과 임대주택에 사는 사람들을 다른 사람으로 보기도 합니다. 아파트의 동과 동 사이를 연결하는 길을 막아버리는 일도 생겨났습니다.

구별 짓기의 뿌리는 '같음'이 아니라 '다름'에 시선을 두는 마음입니다. 우리는 서로 다른 존재이면서 한국이라는 공동체의 같은 구성원입니다. 그리고 마땅히 존중받아야 합니다. 업신여김받아 마땅한 사람은 없습니다. 남들을 깔보는 사람을 다른 사람이 깔보고 있을지 모릅니다. 그 배달종사자가 이런 말을 들었다면 얼마나 좋았을까요?

저분 덕에 맛있는 음식을 집에서 편하게 먹을 수 있네! 고맙지

---

32 피에르 부르디외 지음, 최종철 옮김. 『구별짓기』(새물결, 2005).

않니?

위아래는 어디에나 있다? – 서열주의

찬물도 위아래가 있다는 말이 있습니다. 나이에 따라 서열을 두고 그 순서에 따라 물을 마셔야 한다는 뜻이지요. 연장자에게는 그만한 대접을 해주어야 한다는 말입니다. 서열주의입니다. 이 말도 불평등을 정당화합니다. 그렇지 않다고 느낀다면 이미 '연장자 우선'이라는 생각에 포로가 되어 있는 것입니다. 물은 나이 순서가 아니라 목마른 순서대로 마셔야 합니다.

서열주의는 우리 주변에서 흔하게 찾아볼 수 있습니다. 우리는 사람들을 한 줄로 쭉 세워 우열을 정해야 속이 후련해지는 DNA가 있는 듯합니다. 처음 만나면 누가 나이가 많은지, 누가 선배고 후배인지 따집니다. 그저 앞으로 잘 지내보자는 통과의례에 그치면 충분한데, 그렇지 않습니다. 우열 관계가 정해지고, 공손한 태도 같은 예의범절은 주로 '아랫사람'에게 강요됩니다. 군 생활을 같이 한 적 없는 사람들도 사회에서 마주치면 아래 기수는 위 기수에게 깍듯하게 경례를 붙입니다. 윗사람과 술을 마실

때 아랫사람은 고개를 돌리라고 합니다. 그렇게 하면 제대로 배웠다는 말을 듣고 그렇게 하지 않으면 '무례하다' '개념 없다'라는 말을 듣습니다. 예의범절이라는 이름으로 권위와 존엄에 위계가 생깁니다.

그뿐 아닙니다. 올림픽 경기가 열리면 금메달 개수를 기준으로 한국의 순위를 따집니다. 정작 국제올림픽위원회는 그런 순위를 발표하지 않습니다. 국가별로 메달획득 상황만 공개합니다. 폐막식에서는 종합순위 1위 국가에 상을 주는 순서도 없습니다. 나라에 따라서는 순위를 따지기도 합니다. 미국은 금, 은, 동을 가리지 않고 전체 메달 수를 기준으로 따지는 게 관행이라고 합니다. 우리는 없는 순위도 만들어내는데, 그것도 금메달 획득순으로 따집니다.

지역 사이의 관계도 마찬가지입니다. 한 나라의 수도는 국가기관, 그것도 국민을 대표하는 국회와 최고의사결정권자의 집무실이 있는 지역을 말합니다. 미국의 워싱턴, 일본의 도쿄, 독일의 베를린이 수도인 이유가 바로 이것입니다. 한국의 수도가 서울인 것은 국회와 대통령 집무실이 서울에 있기 때문입니다. 단지 그뿐입니다. 서울은 지방의 하나입니다. '서울지방국세청' '서울지방고용노동청' '서울지방병무청'이라는 명칭은 이런 뜻입니다. 서울은 대통령 집무실이 있는 지방이지요.

하지만 우리는 서울과 지방을 '위'와 '아래'에 있는 것으로 인식합니다. 다른 지역에서 서울로 이동하는 것을 '올라간다'라고 표현하고, 반대는 '내려간다'라고 합니다. 심지어 서울보다 위도가 높은 강원도 고성에서도 '서울에 올라간다'라고 합니다. 서열 의식은 이렇게 수평적 관계마저 수직적으로 읽는 우리의 언어 습관을 보여줍니다.

서울을 '위'로 생각하는 습관은 너무나 뿌리가 깊습니다. 2000년대 노무현 정부는 수도권 집중을 완화하기 위해 수도를 충청권으로 옮기는 정책을 추진했습니다. 이에 반대하는 몇몇 사람이 수도 이전이 헌법에 위배된다는 소송을 냈습니다. 그런데 정작 헌법에는 대한민국의 수도를 서울로 한다는 규정이 없습니다. 헌법재판소는 헌법에 규정이 없어도 수도가 서울인 것은 관습헌법이라며 수도 이전이 헌법에 어긋난다고 판정했습니다.[33] 그러자 수도 이전은 행정중심복합도시 건설로 축소되어 지금의 세종시가 탄생하게 되었습니다. 도대체 서울이 뭐길래 그랬을까

33 헌법재판소, 「신행정수도의 건설을 위한 특별조치법 위헌 확인」 (2004.10.21. 2004헌마554·566(병합) 전원재판부).

요? 사정이 있으면 수도도 옮길 수 있습니다. 백제는 도읍을 위례에서 웅진으로, 웅진에서 사비로 옮겼습니다.

청년들도 서열주의에 빠져 있습니다. 우리는 전국의 대학을 '서울 소재 대학'과 '지방대학'으로, 서울 소재 대학을 다시 '명문대'와 '비명문대'로 나눕니다. 이러다 보니 학생들은 대화하는 상대방이 다니는 대학에 따라 우월감과 열등감 사이에서 심리적 진자운동을 하고 있다고 합니다.[34]

서열주의는 1등주의로 연결됩니다. 우리는 가장 좋아하는 배우는 누구인지, 가장 좋아하는 음식은 무엇인지를 곧잘 묻습니다. '가장'이라는 질문은 사람들을 곤혹스럽게 합니다. 다 비슷비슷하게 좋아하는데 '최애'를 꼽으라면 다른 배우나 다른 음식은 뒤로 밀립니다. 1등만 꼽으라면 이들이 섭섭해할 겁니다.

이건 정당한 구별이야? - 차별주의

미국은 유색인에 대한 인종차별이 심한 나라입니다. 인종차별은 지금까지도 미국이 앓고 있는 사회적 질병 가운

---

34 오찬호, 『우리는 차별에 찬성합니다』(개마고원, 2013).

데 하나입니다. 인권운동가인 마틴 루터 킹 목사는 1963년 링컨기념관 광장에서 미국 역사에 한 획을 그은 연설을 합니다.

> 나에게는 꿈이 있습니다. 내 자식 네 명이 피부색이 아닌 품성으로 평가받는 나라에서 살게 되는 것입니다.[35]

흔히 '차이'와 '차별'을 구별합니다. 차이는 서로 다른 걸 말하고, 차별은 합당한 이유 없이 차이를 근거로 불이익을 주는 것입니다. 남성과 여성은 성별 차이일 뿐이지만 여성이라는 이유로 채용이나 승진에서 남성과 똑같이 대우받지 못한다면 차별이 되는 겁니다. 피부색은 차이에 불과한데 이 때문에 유색인이 합당한 대우를 받지 못하면 차별이 되는 겁니다.

차이와 차별은 뜻이 다르지만 실제로는 뚜렷하게 구별하기 힘든 경우가 허다합니다. 회사에서 여성을 승진시키지 않으면서 그 이유를 여성이기 때문이라고 밝히는 경우는 거의 없습니다. 근무 성적 같은 '객관적' 기준을 들이

---

35 웹사이트(https://en.wikipedia.org) 2022년 12월 30일 검색.

댑니다. 학교에서는 같은 잘못을 했어도 성적이 시원치 않은 학생이면 호되게 꾸짖지만 공부를 잘하거나 학급회 장이면 그냥 타이르고 마는 경우가 종종 있을 것입니다. 2017년에 서울시 동대문구는 퀴어여성생활체육대회를 여는 단체에 체육관을 빌려주려 했다가 돌연 취소했습니다. 이유는 미풍양속을 저해할 우려가 있다는 것이었습니다. 성소수자에 대한 차별을 미풍양속으로 포장하려 한 겁니다.

차별주의는 물질적 보상의 차이를 정당화합니다. 이때 차별주의는 서열주의와 짝을 이룹니다. 서열주의 구조에서 1등은 다른 사람보다 훨씬 많은 보상을 받습니다. 올림픽에서 금메달과 은메달은 종이 한 장 차이입니다. 쇼트트랙에서는 0.1초 차이로 갈리기도 합니다. 금메달을 따면 연금이나 포상금이 은메달을 딴 사람의 두 배에 가깝습니다.

여기서 따져 볼 것이 있습니다. 금메달은 200만 원, 은메달은 100만 원, 동메달은 50만 원을 받고, 입상 못 한 사람은 0원이라면 그건 성과에 따른 정당한 보상의 차이일까요? 아니면 차별일까요? 그리고 예선에서 탈락한 사람은 아예 보상받을 자격이 없는 것일까요? 월급이 정규직은 100만 원, 비정규직은 50만 원이라면 그건 차이를 반영하는 걸까요? 아니면 차별일까요?

경계선은 뚜렷하지 않습니다. 분명하지 않은 보상의 기준은 사람이 정합니다. 올림픽 메달리스트에게 주는 연금 점수는 국민체육진흥공단에서 결정합니다. 정규직과 비정규직의 월급은 회사에서 결정합니다. 차이와 차별은 개념상으로는 구별되지만, 보상이 사회적으로 결정되는 과정에서 차이가 차별로 연결될 수 있습니다.

이렇게 차별주의는 희소가치의 불평등한 분배를 정당화하는 논리로 연결됩니다. 높은 위치를 차지한 사람이 받는 큰 보상과 낮은 위치의 사람이 받는 적은 보상은 당연하다는 인식입니다. 정규직과 같이 좋은 일자리는 명문대 졸업자가 차지하고 덜 좋은 일자리는 그렇지 못한 사람이 갖는 게 합당하다고 인식하는 경향이 있습니다. 사람 위에 사람 없고, 사람 밑에 사람 없다고 하지만 실제로는 위와 아래의 경계선을 긋는 겁니다. 차별주의는 나아가 '아니꼬우면 출세하라'라는 식으로 극단적인 출세주의를 조장하기도 합니다.

차별주의는 그럴듯한 논리를 내세웁니다. 기업에서는 기존 인력보다 높은 임금을 주고 우수 인력을 새로 유치

하고자 할 때 '그 월급 받고 그 사람이 여기서 일하겠어?'
같은 말로 기존 직원들을 설득하려 합니다. 그 사람이 우
리 기업의 미래를 이끌 사람이기 때문에 임금을 더 주어
야 한다는 것이지요. 이때 가려지는 것이 있습니다. 설령
그 사람이 시장을 흔드는 신제품을 개발하게 되더라도 혼
자 일하는 것이 아니라 동료들과 함께 일하는 것입니다.
기업이라는 조직의 전반적 역량이 뒷받침되지 않는다면
개인의 뛰어난 역량도 제대로 발휘될 수 없습니다.

　우리 주위에 차별을 정당화하는 관념은 수없이 숨어 있
습니다. 만약 우리가 차이를 차별로 연결시킨 보상을 별
다른 문제의식 없이 당연하다고 여기는 순간 우리는 '선
량한 차별주의자'가 될지 모릅니다.[36] 우리 주변에서 차이
를 차별로 만드는 이야기들은 또 있을 것입니다. 이런 이
야기를 포장하는 그럴싸한 논리에 은근슬쩍 넘어가지 않
고 숨어 있는 의도를 따져 보면 실체가 드러나게 됩니다.
그래야 차별주의에서 벗어날 수 있습니다.

---

36 김지혜, 『선량한 차별주의자』(미디어창비, 2020).

열심히 안 하니까 못사는 거다? - 노력주의

우리나라 사람들은 '열심히'라는 말을 입에 달고 삽니다. 학생은 공부를, 노동자는 일을 열심히 하는 것이 사회가 추천하는 덕목입니다. 예전에는 4시간 자면 대학에 붙고 5시간 자면 떨어진다는 '4당5락'이라는 말도 있었습니다. 불철주야不撤晝夜 같은 말도 노력주의를 반영합니다. 실제로 우리나라 사람들은 거의 노력주의에 취해 있습니다. 대한민국 국민처럼 열심히 사는 사람들은 아마 거의 없을 겁니다. 올림픽에 '노력'이라는 종목이 있다면 우리나라 국민은 모두 금메달감입니다.

그런데 그 '열심히'라는 단어에도 불평등을 정당화하는 마음이 숨어 있습니다. 직업이나 소득 같은 사회적 희소가치가 배분된 결과를 오직 개인의 노력 탓으로 돌리는 겁니다. 인생을 야구에 비유하면 투 스트라이크를 먹고 타석에 들어서는 사람이 있습니다. 이미 3루에서 태어나는 사람도 있습니다. 그런데 본인이 3루타를 치고 나갔다고 생각합니다. 결과가 노력이 아니라 운에 의한 것인데 노력의 결과로 보는 것입니다.

개인의 노력 정도가 성공 여부를 가르는 중요한 요소임

은 분명합니다. 열심히 공부하지 않으면 대학에, 명문대에 들어갈 수 없는 게 현실입니다. 하지만 노력만이 성공의 결정 요인은 아닙니다. 앞의 가상 상황에서 학생 A는 예술고 진학을 포기했습니다. 그 학생이 노력하지 않아서인가요? 오로지 가정형편 때문이었습니다. 노력이 부족했다면 금수저로 태어나려는 노력이 부족했던 거겠지요. 노력주의는 다른 요인은 거들떠보지도 않고 오로지 '개인이 얼마나 열심히 노력했는지'만으로 결과를 설명하려고 합니다.

이러다 보니 노력주의는 근본적인 문제를 덮어버립니다. 물론 개인의 노력은 성공 여부의 중요한 결정 요인이긴 하지만, 가장 결정적인 요인은 사회구조에 있습니다. 학생 대부분이 명문대에 진학하지 못하는 것은 근본적으로 명문대 입학정원이 적기 때문입니다. 공부를 열심히 하지 않아서가 아닙니다. 좋은 일자리를 가진 사람이 적은 것은 좋은 일자리가 적기 때문입니다. 취업 준비를 열심히 하지 않아서가 아닙니다. 취약계층이 된 사람 중에 노력이 부족했던 사람이 얼마나 되겠습니까? 결과를 오로지 개인 탓으로만 돌리면 불평등을 낳은 사회구조에는 눈감게 됩니다.

더 나아가 노력주의는 마음에 상처를 남깁니다. 스스로 잘나가지 못한다고 느끼는 사람들은 불평등을 낳는 근본적인 문제는 뒤로 물리고 자신을 질책하게 됩니다. '비정상 회담'이라는 TV 프로그램에 출연했던 벨기에 청년 줄리안이 한 말이 있습니다. 서양 사람들은 일이 뜻대로 안 되면 사회를 탓하는데, 동양 사람들은 자기 자신을 탓한다고 합니다. 노력으로 해결되지 않는 구조적 문제가 엄연히 존재하고 있는데도, 이런 현실에 눈감고 사람의 문제로 돌리는 마음가짐을 꼬집은 말이었습니다.

우리나라에서는 노력주의를 닮은 이야기가 차고 넘칩니다. '하면 된다' '노력하면 안 되는 게 없다' '노력은 배신하지 않는다' 같은 말들입니다. 동남아 사람들이 못사는 것이 게으르기 때문이라는 말도 이 부류에 속합니다. 노력주의에는 변종도 있습니다. 청년들이 힘든 일을 안 하려고 하고 중소기업에 안 가려고 한다면서 글러 먹었다고 합니다. 청년들더러 눈높이를 낮추라고 합니다. 그렇지 않습니다. 중소기업이 월급이 적기 때문입니다. 눈높이를 낮추라고 할 것이 아니라 일자리의 질을 높여야 합니다.

문제 맞히는 게 능력이다? – 시험 만능주의

혹시 인천국제공항에 가봤나요? 우리나라와 외국을 오가는 비행기가 하루에도 수없이 들락날락합니다. 건물도 깨끗하고 시설도 빛이 납니다. 인천공항은 세계 공항 평가에서도 최상위권에 들어갑니다. 이렇게 좋은 평가를 받게 된 데는 그곳에서 일하는 사람들의 기여가 컸을 겁니다.

공항에 가면 짐에 위험한 물건이 없는지 살펴보는 분, 혹시나 새가 날아 비행기 안전에 문제는 없는지 점검하는 분, 불이 나지 않도록 살펴보고 불이 나면 끄는 분들이 있습니다. 이분들 덕에 인천공항을 편안하게 이용할 수 있는 겁니다. 그런데 이분들이 비정규직으로 일했습니다. 인천공항에서 일하는 사람 중에는 정규직보다 비정규직이 많았습니다. 정규직은 월급도 많고, 특별한 일이 없는 한 계속 다닐 수 있습니다. 반면에 비정규직은 월급도 적고, 정해진 기간만 다니고, 더 일하고 싶으면 재계약을 해야 합니다.

정부는 비정규직을 정규직으로 바꾸려 했습니다. 2017년 문재인 대통령은 당선 직후 인천공항을 찾아서 공공부문에서 비정규직 제로 시대를 열겠다고 선언했습니다. 곧

이어 인천공항도 비정규직을 정규직으로 바꾸는 작업에 들어갔습니다. 이 작업이 끝나갈 즈음 한바탕 소용돌이가 일어났습니다.

2020년 6월 청와대 국민청원 게시판에 이런 글이 올라왔습니다.

- 공기업 비정규직의 정규직화, 그만해 주십시오.
- 노력하는 이들의 자리를 뺏는 게 평등인가? 역차별이고, 청년들에게 더 큰 불행이다.
- (인천국제공항공사에) 들어가려고 스펙 쌓고 공부하는 취준생들과 현직자들은 무슨 죄인가?

어찌 된 일일까요? 비정규직을 정규직으로 바꿔주는 것은 좋은 일 아닌가요? 그런데 문제를 제기한 사람들은 비정규직을 정규직으로 바꿔주면 인천공항 정규직으로 입사하려고 준비 중인 청년들의 기회를 뺏는 거라고 주장했던 겁니다. 정규직 전환 자체에는 반대하지 않지만, 그들도 공정한 절차를 거쳐야 한다는 것이지요. 여기서 '공정한 절차'는 시험을 뜻합니다. 이럴 경우 비정규직으로 일한 분들은 입사를 희망하는 다른 사람들과 똑같이 시험을

봐야 합니다. 다른 방법이 있다면, 비정규직을 대상으로 자격이 있는지를 심사해서 정규직으로 바꿔주는 겁니다.

여러분은 어떤 방법이 공정하다고 생각하나요? 비정규직으로 일한 경력은 무시하고 원하는 사람은 모두 같이 시험을 보게 해야 할까요, 아니면 그분들을 따로 심사해서 정규직 전환 여부를 결정하는 게 공정할까요? 인천공항은 두 가지를 모두 채택했습니다. 대통령이 방문한 2017년 5월 12일 이후에 비정규직으로 들어온 사람은 정규직화가 이루어질 것을 알고 있었다고 보고 다른 입사희망자들과 동일한 절차를 거치게 했습니다. 그 이전에 입사한 비정규직은 개별적으로 심사해서 결정했습니다.

인천공항 사례에서 문제의 핵심은 희소가치를 배분하는 기준입니다. 인천공항 정규직은 좋은 일자리입니다. 원하는 사람은 많은데 일자리는 적습니다. 그러면 어떤 기준으로 직원을 선발해야 할까요? 물론 개인의 역량입니다. 개인의 역량에 따라 사회적 희소가치를 배분하는 것이 정당하다는 태도가 능력주의meritocracy입니다. 그런데 능력주의가 사방에서 된서리를 맞고 있습니다.[37] 왜 그럴

---

37 장은주, 『공정의 배신』(피어나, 2021); 박권일, 『한국의 능력주의』(이데아, 2021).

까요?

인천공항에서 보안 검색을 담당할 때 필요한 역량은 안전을 위협할 요인들, 가령 탑승객이 여권 속 사진과 동일 인물인지, 운반하는 물건에 폭발물이 숨어 있는지 등을 가려내는 능력입니다. 이런 역량은 시험성적만으로 판가름 나지 않을 것입니다. 시험문제를 맞히는 것도 역량이지만, 업무와 더 직접 관련되는 역량은 경험을 통해 쌓였을 겁니다. 하지만 우리나라는 시험을 공정의 유일한 기준으로 생각합니다. 비정규직의 정규직화를 반대한 일부 정규직은 노골적으로 공부를 상징하는 연필을 부러뜨려 '로또 취업 반대' 운동을 벌이기도 했습니다.

우리나라는 필기시험이 공정을 독점하는 사회입니다. 시험만이 공정하다는 인식이 팽배합니다. 국어, 영어, 수학 성적이 학생의 역량을 평가하는 결정적인 기준입니다. 교사나 경찰을 뽑는 공무원 시험도 마찬가지입니다. '직무능력 평가'라는 이름을 달고 있는 취업 시험도 다르지 않습니다.

어떤 관문을 통과하는 기준으로 능력주의는 나름 타당한 기준입니다. 개인의 역량 말고 다른 기준으로 사회적 희소가치를 배분할 때 우리는 불공정하다고 생각합니다.

그러나 문제를 맞히는 능력이 독점적 기준인 것은 아닙니다. 사람과 소통하는 능력도 중요하고, 다른 사람의 마음을 읽고 함께 웃고 우는 공감 능력과 협업하는 자세도 중요합니다. 하지만 문제를 맞히는 능력이 사람의 역량을 평가하는 유일한 기준으로 인정받고 있습니다. 능력주의의 한국 이름은 시험주의입니다.

시험주의에는 병폐가 많습니다. 시험에는 정답이 있습니다. 시험을 치르는 사람은 오로지 출제자가 정해 놓은 답을 찾아야 합니다. 아무리 풀이 과정에 배점을 둔다 해도 답이 틀리면 점수가 깎입니다. 그 결과, 창의적인 해법은 무시됩니다. 우리나라 교육에서 창의력은 높아지기 어렵습니다.

시험주의에는 사회적 맥락이 있습니다. 전국의 모든 학생을 줄 세우려다 보니 똑같은 문제를 냅니다. 취업의 문이 좁아지니까 경쟁이 치열해지고, 경쟁이 치열하다 보니 지원자의 역량을 평가할 수 있는 방법은 시험입니다. 이러면서 공정의 개념도 편협해지고 있습니다. 시험주의가 공정 개념을 독점하면서 공정이 남루해지고 있는 것입니다. 현재 우리의 공정은 시험주의에 오염된 공정이자 반쪽짜리 공정입니다.

시험주의는 더 나아가 시험만 통과하면 시험 이후의 불평등에 대해서는 눈을 감게 만듭니다. 시험이라는 공정한 절차만 통과하면 그 이후의 결과는 정당한 것으로 인정되는 것이지요. 우리는 대기업에 다니는 사람을 부러워하지, 대기업과 중소기업의 임금 격차 자체는 문제 삼지 않는 경향이 있습니다. 잘난 사람은 잘났으니 많이 받고, 못난 사람은 못났으니 적게 받는 것이 타당하다는 것이지요.

독버섯은 예쁩니다. 빛깔도 곱습니다. 무해한 버섯과 독버섯을 일반인이 구별하기는 쉽지 않습니다. 공정도 이와 비슷합니다. 우리 사회에서 일반적으로 통용되는 공정에는 독소가 포함되어 있습니다. 결정적 관문을 통과한 사람은 안정적 삶에 이르게 되고, 그렇지 않은 사람은 불안한 삶을 지속하게 되는 사회가 공정한 사회는 아닐 것입니다. 그러나 우리는 좀처럼 '공정 이후의 공정'은 문제 삼지 않습니다. 시험이라는 탈을 쓴 공정은 이렇게 희소 가치의 불평등한 배분 상태를 정당화하는 독소를 품고 있습니다.

한번 생각해 봅시다. 다른 역량은 제쳐두고 국어, 영어, 수학 문제 맞히는 능력으로만 학생의 역량을 평가하는 게 바람직할까요? 대학입시에서 기회균등 전형을 없애고 전국의 모든 학생을 대상으로 선발하는 게 공정할까요, 아니면 지역별로 분배하는 게 공정할까요? 공공기관에서 직원을 뽑을 때 그 지역 출신 인재에게 가산점을 줍니다. 그런데 입사를 희망하는 전국의 모든 취업준비생을 몽땅 모아놓고 뽑는 게 공정할까요, 아니면 그 지역 출신 취업준비생에게 가산점을 주는 게 공정할까요?

개천에서 용 난다? - 예외의 일반화

'개천에서 용 난다'라는 말을 자주 들어봤을 겁니다. 가정형편이 넉넉하지 않은 집에서 태어났어도 사회 상층부로 진입한 경우를 일컫습니다. 개천에서 용 난다는 이야기는 집에 돈이 없어도 얼마든지 신분 상승이 가능하다는 희망의 메시지를 전합니다. 실제로 우리는 이러한 성공담을 심심치 않게 접합니다.

개천에서 난 용 이야기는 교육의 역할을 강조하는 데도 쓰입니다. 우리나라가 한창 발전하고 있을 때 학력 수준이 높아지면서 고등학교나 대학을 나온 분들이 많아졌습니다. 가난한 집에서 태어났어도 많이 배워서 중산층 이상으로 올라간 분들이 생겨났습니다. 교육이 계층이동의 사다리가 되었던 겁니다.

그런데 용은 사람이 본 적 없는 상상 속의 동물이지요. 개천에서 난 용 이야기도 전설입니다. 우리는 보통 '전설'이라는 말을 남들이 범접하기 힘든 업적을 이룬 사람을 이를 때 씁니다. 전설이 전설인 이유는 그런 사람이 극히 적기 때문입니다. 개천에서 난 용은 몇 마리 되지 않습니다. 용은 대부분 개천이 아니라 큰 강에서 승천합니다. 예나 지금이나 우리나라에서 상층부를 점한 사람들은 주로 집안이 좋은 사람들입니다.

더구나 이제는 시대가 변했습니다. 이제 용이 살던 개천에 강철로 만든 덮개가 씌워졌습니다. 아주 가끔 강철 덮개를 뚫고 날아오르는 일이 있다고 해도 그건 기적입니다. 매우 예외적인 사례를 극화한 이야기가 널리 받아들여지면 마치 모든 사람에게 용으로 승천할 기회가 주어져 있다는 환상이 퍼지게 됩니다. 개천에서 용 난다는 이야기는 지금은 틀렸습니다. 지금은 아무리 애써도 용이 되기 어렵습니다. 개천에서 용 난다는 이야기는 현실을 환상으로 채색하는 신화에 가깝습니다.

개천에서 용 난다는 이야기는 더 중요한 사실을 감춥니다. 개천에서 용이 하늘로 솟구칠 때 그 개천에는 친구를 용으로 올려보낸 쏘가리와 가물치와 붕어와 버들치가 살고 있었습니다. 그곳에 그들이 있었습니다. 용으로 날아오르지 않은, 평범한 물고기들이 개천에서 그럭저럭 살아갔습니다. 개천에서 난 용 이야기는 용만 얘기하지, 개천에 사는 평범한 친구들은 말하지 않습니다. 하지만 우리가 주위에서 날마다 접하는 사람은 뛰어난 몇 사람이 아니라 보통 사람들입니다.

이제는 개천에 덮개가 씌워진 것도 모자라 물이 마르고 있습니다. 평소에는 졸졸 물이 흐르다가 한동안 비가 안 내리면 물이 끊기는 간헐천이 되기도 합니다. 평범한 물고기들이 살기 어려워졌습니다. 현실적으로 보통 사람들이 죽어라 애쓰는 이유는 용으로 승천하는 건 고사하고 개천에서 별일 없이 살아가기 위해서입니다. 개천의 꿈은 가물치며 붕어며 쏘가리를 먹여 살리는 것입니다.

개천에서 난 용 이야기에 젖으면 문제의 진단과 처방을 제대로 할 수 없습니다. 이제 교육은 세대에 걸쳐 계급을 재생산하는 통로가 되었습니다. 개천에서 난 용을 추억하면서 교육이 했던 계층이동의 사다리 역할을 되살려야 한다는 이야기가 있습니다. 그렇다면 사교육을 없애면 간단하게 고칠 수 있지 않을까요? 하지만 애석하게도 그렇지 않습니다. 계층이동은 교육으로 해결하기 어렵게 되었습니다. 사교육을 법적으로 금지할 수 없게 되었다거나 수많은 학원 선생님의 일자리를 어떻게 할 것이냐는 문제는 두 번째입니다. 근본적인 문제는 교육이 아니라 일자리에 있습니다. 좋은 일자리가 적으면 평범하게 사는 것 자체가 어려워집니다. 개천에서 용을 승천시키는 이야기에서 벗어나서 이제는 평범한 사람들이 너나없이 잘사는 세상을 그려보아야 합니다.

뛰어난 소수가 나라를 구한다? – 엘리트주의

한국의 대중음악이 세계를 휩쓸고 있습니다. 뛰어난 음악성과 대중성을 모두 갖춘 방탄소년단BTS은 세계 각국에 '아미'라는 팬클럽을 갖고 있습니다. 한국 음악의 우수성을 세계에 증명하고 있는 셈이지요. 자랑스러운 일입니다. 방탄소년단이 빌보드 차트 1위를 차지하면 경제 효과가 몇몇 기업 차원을 뛰어넘는다는 식의 언론보도가 나옵니다. 여기서 이들의 성공을 바라보는 언론의 태도를 엿볼 수 있습니다. 소수의 뛰어난 사람이 엄청난 경제적 성과를 가져온다는 겁니다. 엘리트주의입니다.

몇몇 엘리트가 나라를 구하기도 합니다. 이런 자리에 오른 사람들의 노력은 찬사를 받아 마땅합니다. 그들이 대한민국의 위상을 높이는 것도 사실입니다. 하지만 엘리트주의가 눈감는 것들이 있습니다. 엘리트가 되지 못한 수많은 사람은 시야에서 사라집니다. 피땀 흘려가며 노래와 춤을 익혔지만 데뷔하지 못한 수많은 연습생이 있을 겁니다. 우리가 방탄소년단에만 눈길을 두면 대중음악계에서 성공에 이르는 좁은 문은 성공한 아이돌 뒤에 가려지게 됩니다.

우리가 그다지 주목하지 않는 사실이 하나 더 있습니다. 방탄소년단이 세계 최고의 노래를 만들게 된 것은 스스로 노력한 결과이겠지만, 대중음악계 전체의 수준이 높아진 것도 크게 작용했을 것입니다. 이런 점에서 방탄소년단의 성공은 한국 대중음악계의 공동작품인 셈이지요. 하지만 우리는 음악계의 공동역량에는 눈길을 주지 않습니다.

엘리트주의는 우리 의식 속 곳곳에 숨어 있습니다. 올림픽에서 금메달 수에 집착하는 것도 엘리트주의를 반영합니다. 올림픽에서 금메달을 많이 딴다고 국민 체력이 좋은 건 아닙니다. 우리나라 사람이 국제 음악 콩쿠르에서 1등을 차지해도 우리나라를 고전 음악의 강국으로 보기는 어렵습니다. 우리나라는 콩쿠르 강국일 수 있지만 클래식 음악의 강국은 아닙니다.

엘리트주의를 보여주는 대표적인 영역이 교육입니다. 우리나라의 교육은 평준화 교육과 엘리트주의가 섞여 있습니다. 엘리트주의는 수월성이라는 그럴듯한 단어를 내세웁니다. 우수한 학생을 육성해야 한다는 엘리트주의는 뚜렷한 논리체계를 갖추고 있습니다. 엘리트주의는 평등의 폐해를 공격합니다. 평준화 교육이 학력의 하향평준화를 가져왔다는 겁니다. 대학생이 학력이 떨어져 신문에 나오는 한자도 읽지 못한다거나 이공계 학생이 미적분 문제도 풀지 못한다는 식입니다. 요새 아이들, 공부 못한다는 겁니다. 학력 저하 공세는 잊힐 만하면 종종 출현하고, 앞으로도 그럴 것입니다. 하지만 학력 저하는 사실이 아닙니다. 지금 우리 청소년들의 학력 수준은 단군 이래 최고입니다. 평준화 때문에 학력이 떨어졌다는 증거도 없습니다.

엘리트주의는 종종 다양성이라는 포장지를 씌웁니다. 일반고 외에 과학고나 외국어고 같은 특목고를 만들 때도 교육에 다양성을 들여와야 한다는 주장이 한몫했습니다. 공부를 잘하는 학생과 못하는 학생이 있으니 수준별로 학습해야 한다는 주장도 다양성을 표방합니다. 그럴듯하지 않나요? 한발 더 들어가 봅시다. 다양성은 소중한 가치입니다. 다양성은 학생마다 서로 다른 개성을 존중해야 한다는 의미일 것입니다. 그런데 엘리트주의는 다양성을 특정한 뜻으로 해석합니다. 특수목적 학교를 세워야 한다거나 수준별 학습을 해야 한다는 식이지요.

엘리트주의는 수월성 교육이 낳을 불평등에 대해서는 언급하지 않습니다. 설령 교육격차가 확대될 것이라는 문제가 제기되어도 필살기가 있습니다. 소수의 우수 학생을 집중적으로 육성하는 것이 국가의 미래를 위해 필요하다는 것입니다. 뛰어난 역량을 갖춘 소수의 엘리트가 공동체의 발전을 가져온다는 논리입니다. 명문대에 많이 진학시켜야 (고등)학교의 위상과 명예가 올라간다는 것도 엘리트주의와 닮은꼴입니다. 엘리트와 공동체 전체의 이익을 엮는 겁니다. 수월성을 추구하는 과정에서 발생하는 불평등이 있더라도 큰 대의를 위해 감수해야 한다는 의미를 넌지시 깔고 있습니다.

수월성 교육은 필요합니다. 그러나 우리 사회에서 수월성은 선별적 수월성을 의미합니다. 우수한 학생을 따로 골라내서 소수의 엘리트로 육성하는 것이 수월성이라고 인식합니다. 정작 중요한 것은 보편적 수월성입니다. 어떤 학생도 뒤처지지 않고 함께 학업성취도가 높아지는 것이 공동체의 수월성을 높이는 길입니다. 보편적 수월성을 확보하는 방법은 차별화에 있지 않습니다. 평준화 교육에도 불구하고 학업성취도가 높은 것이 아니라 평준화 교육이라서 학업성취도가 높은 것입니다.

'한 아이를 키우는 데 온 마을이 필요하다'라는 아프리카 속담이 있습니다. 선별적 수월성 관념에 젖은 사람이라면 그 마을은 안중에 없고 나중에 성공 가도를 달리는 아이에게만 눈길을 줄 것입니다. 그러나 그 아이가 다른 마을에서 자랐다면 성공하지 못했을 수도 있습니다. 다 같이 공부를 잘하게 만드는 교육체제가 한국이라는 공동체의 미래를 밝게 하는 길입니다. 제2의 방탄소년단을 탄생시키는 인큐베이터는 문화예술계의 전반적인 창의력 향상입니다. 공동체 전체의 역량으로 시야를 넓힐 때 우리는 수월성이라는 이름으로 불평등을 정당화하는 논리가 허구임에 눈뜰 수 있을 것입니다.

엘리트주의는 우리 사회에 널리 퍼져 있습니다. 우리는 어릴 적부터 위인전을 읽고 자랍니다. 교육기관들은 모두 학생들을 리더로 키우겠다고 합니다. 이때 중요한 사실이

감춰집니다. 지도자도 사회의 일원입니다. 사회가 없으면 지도자도 없습니다. 수많은 병사와 민중이 왜군에 맞서 싸웠기 때문에 이순신 장군이 영웅이 될 수 있었습니다. 이순신 장군이 혼자 나라를 구한 게 아닙니다. 민중과 그가 함께 손잡고 나라를 구한 겁니다. 지도자도 중요하지만 사회 전체를 중심에 놓고 생각해야 합니다.

내 건데 왜 뺏어? – 기득권 지키기

우리나라는 병원에 가면 기다리는 시간은 1시간인데 의사와 상담하는 시간은 5분 정도에 불과한 경우가 수두룩합니다. 의사가 환자와 충분히 이야기해야 더 정확하게 진단할 수 있을 터인데 병원에서는 진료가 빛의 속도로 진행됩니다. 왜 그럴까요? 의사가 부족하기 때문입니다. 우리나라 임상의사는 인구 1,000명당 2.5명 정도입니다.[38] 의료 인력이 턱없이 부족한 실정입니다. 환자들이 번호표를 뽑고 기다리고 있으니 의사는 진료와 처치를 후딱 마쳐야 합니다.

---

38 보건산업정보통계센터, 「OECD 국가별 인구 천 명당 임상의사 수」.

그래서 의사 수를 늘려야 한다는 목소리가 끊이지 않습니다. 그러나 의사협회는 의사 수가 많아지면 의료의 질이 떨어지고 과잉 진료가 성행하게 될 것이라는 논리를 내세우면서 한사코 반대합니다. 이런 포장지를 벗기면 전교 1등을 놓치지 않은 '엘리트 중의 엘리트'에게만 의사의 자격이 있다는 최고의 선민選民의식이 밑에 깔려 있음을 부인하기 어려울 것입니다. 의사 직업이라는 사회적 희소가치는 '찌질한' 사람과 나누어 가질 수 없고 오로지 최고만이 독점해야 한다는 인식이지요. 기득권 지키기입니다.

기득권 지키기는 의사라는 특수 직업에 국한되지 않습니다. 우리나라는 부동산 세금을 둘러싸고 종종 논란이 불거집니다. 종합부동산세(종부세)는 주택이며 땅이며 일정한 금액을 넘는 부동산을 가진 부자가 세금을 더 내는 제도입니다. 부자들은 종합부동산세가 달갑지 않을 것입니다. 이들은 종합부동산세를 공격합니다. 무기는 종합적으로 장착하고 있습니다. 흔히 채택하는 무기는 '세금폭탄론'입니다. 세금에 사람의 생명을 위협하는 무기인 폭탄을 등치시키는 전략입니다. 돈이 없어 자살하는 사람은 있어도 세금 때문에 죽는 사람은 없는데 말입니다.

세금폭탄론은 한편으로 세금을 벌주는 것으로 규정합니다. '징벌적 세금'이라는 말은 자산이 많은 집에 적용되는 세금을 집주인을 벌주는 것으로 나타내려고 합니다. 많이 가진 사람이 그만큼 더 내는 것을 징벌로 표현하는 겁니다. 세금폭탄론은 세금을 올리면 나라 경제가 위태로워진다는 위기감을 조성하기도 합니다. 단골 전략입니다. 세금이 많아지면 경기가 위축되고 결국 나라 경제가 위험해진다는 겁니다. 자신의 이익을 공공의 이익으로 표현하는 것이지요. 이것을 좀 어려운 말로 '사적 이익의 공적 표출'이라고 합니다. 세금이 높아지면 나라 경제가 위태로워질까요? 경제협력개발기구 회원국은 대부분 우리나라보다 세금을 많이 걷습니다. 만약 세금을 많이 내서 나라 경제가 망한다면 조세부담률이 가장 높은 북유럽 국가들은 벌써 없어지고 말았을 것입니다.

나아가 세금폭탄론은 세금 인상이 대다수의 삶을 피폐하게 만들 것이라고 대중을 끌어들이는 전략을 구사하기도 합니다. 세금이 많아지면 결국 피해는 서민에게 돌아갈 것이라는 겁니다. 설득의 대상을 직접적인 납세자가 아닌 사람들로 확대하면서 자기편으로 만들려는 전략입니다. 그런데 실제로 종합부동산세가 적용되는 사람들은 극소수에 불과합니다. 2021년에 국세청은 74만 3,568명에게 종합부동산세를 내라고 통보했습니다. 같은 해 우리나라 인구는 5,163만 8,809명이었습니다. 종합부동산세를 내는 사람은 1.4%뿐입니다. 물론 종합부동산세를 내는 사람의 수는 제도가 바뀌면 달라집니다. 그러나 비싼 집을 가지고 있는 극히 일부 사람이 내는 세금이라는 점은 달라지지 않습니다.

세금폭탄론은 자산이 많은 극소수에만 해당되는 종합부동산세가 중산층에게까지 영향을 미치는 것처럼 데시벨을 높이는 겁니다. 대중에게 호소하는 전략이 먹혀들면 그렇게 생각하는 사람이 많아질 것입니다. 종합부동산세와 아무 관련이 없는 다수가 소수의 부자가 더 낼 세금을 걱정하고 자신들도 영향을 받는다는 공포심을 갖게 됩니다. 물론 세금 인상에 반대할 수 있습니다. 이럴 경우 세금을 내는 만큼 그 돈이 사람들의 인간다운 삶에 기여하고 있는지에 초점을 맞추는 것이 옳습니다. 이야기가 그렇게 짜이면 우리의 조세체계와 조세 사용처에 대한 반성과 성찰이 이루어질 수 있고, 이럴 때 언론이 본연의 역할을 하게 될 것입니다.

의사의 의대 정원 확대 반대 투쟁이나 세금폭탄론은 기

득권자들이 자신의 이익을 수호하는 싸움에 팔을 걷어붙이고 나서고 있음을 보여줍니다. 그럼으로써 의사 직업이나 부동산 같은 희소가치가 불평등하게 배분된 상태를 옹호하고, 불평등을 교정하려는 시도를 좌초시키려는 의도를 품고 있습니다. 나아가 의대 정원이 늘지 않음으로써 의사가 되기를 희망하는 학생이 의대에서 공부할 기회를 박탈당함은 물론 국민의 건강권이 확장될 가능성이 차단됩니다. 세금폭탄론은 조세의 형평성을 제고하고 국가가 국민에게 더 좋은 서비스를 공급할 재원을 위축시키게 되겠지요.

자신의 기득권을 지키려는 이야기는 의대 정원 확대나 세금폭탄론 외에도 더 많이 있을 것입니다. 이런 이야기의 뒤편에 숨어 있는 의도를 알아차릴 때 우리는 매의 눈으로 사회를 볼 수 있게 될 것입니다.

불평등한 사회는 어떻게 되나요?

이기면 몽땅 가져가요 - 승자독식 사회

우리나라는 드라마를 참 잘 만듭니다. 혹시 '오징어 게임'을 보았나요? 456명이 456억 원이 걸린 서바이벌 게임에 참가합니다. 게임에는 보상과 처벌이 따라붙습니다. 매번 열리는 게임에서 진 사람은 그 자리에서 죽고 게임을 통과하는 최후의 1인이 어마어마한 상금을 받습니다. 최후의 승자가 되기 위해 저마다 목숨을 걸고 게임에 도전합니다.

드라마는 드라마일 뿐입니다. 하지만 드라마가 고발하는 우리 사회의 현실이 있습니다. 게임은 경쟁을 상징합니다. 우리나라 사람들은 온통 치열한 경쟁 속에 살고 있습니다. 경쟁에서 살아남은 사람이 희소가치를 독차지합니다. 냉혹한 승자독식winner-takes-all입니다. 승자독식은 본디 경쟁에서 승리한 자가 분배될 몫을 몽땅 가져간다는 뜻입니다. 진 사람은 국물도 없습니다. 주위를 둘러보면 승자독식 구조를 쉽게 찾아볼 수 있습니다. 우리나라 대통령 선거에서는 투표 결과가 51:49로 나와도 51%가 정치권력을 차지합니다. 지역구 국회의원 선거도 마찬가지입니다. 대학입시나 공무원 시험에서는 소수점 차이로 합격과 불합격이 갈리기도 합니다.

승자독식은 경쟁의 결과가 반드시 0 아니면 1로 갈리는 상황만 뜻하지는 않습니다. 보통은 패자에게도 '건더기' 빠진 '국물' 정도는 돌아갑니다. 현실에서 승자독식은 경쟁에서 진 사람에 비해 승자가 지나치게 많이 가져가는 상황을 가리킵니다. 치열한 경쟁의 결과 배분되는 희소가치의 차이가 지나치게 크다는 게 문제입니다.

같은 회사에서 정규직과 비정규직이 각각 80만 원과 70만 원의 가치가 있는 일을 하는데 정규직 월급이 100만 원이고 비정규직 월급이 50만 원이라고 가정해 봅시다. 정규직으로 들어가면 적정한 임금보다 20만 원을 더 받고 비정규직으로 일하면 20만 원을 덜 받습니다. 이런 게 승자독식입니다. 그래서 승자독식은 제로섬$^{zero\text{-}sum}$ 게임입니다. 제로섬 게임이란 게임에 참가한 모든 참가자가 딴 점수를 모두 합치면 반드시 제로(0)가 되는 게임입니다. 누군가 얻는 만큼 반드시 누군가는 잃는 게임으로 '영합零合 게임'으로 번역합니다. 정규직의 +20만 원과 비정규직의 −20만 원을 합치면 '0'이 되는 거지요.

희소가치의 불평등한 배분은 단지 물질적 보상에 그치지 않습니다. 명예나 평판도 희소가치입니다. 대학입시에서는 수능 문제 하나 차이로 합격과 불합격이 갈리기도 하는데 명문대 재학생은 '과잠'을 자랑스럽게 입고 다닙니다. 대기업이나 공공기관에 취업한 사람은 어깨에 힘을 주지만 중소기업에 다니는 사람은 주눅 들기 일쑤입니다. 이렇게 되면 약자들의 마음에 생채기가 생깁니다. 비정규직은 월급도 월급이지만 작은 차이에서 자존심에 상처를 입습니다. 명절에 정규직은 회사에서 선물을 받는데 자신은 빈손으로 집에 갈 때, 비정규직은 소외감을 느끼게 됩니다.

사람들이 꺼리는 것도 있습니다. 꺼리는 일의 배분에도 승자독식의 논리가 침투합니다. 기업들이 위험한 일을 본사 직원이 아니라 비정규직인 외주업체 직원에게 떠넘기는 사례가 많습니다. 이것을 '위험의 외주화'라고 부릅니다. 구의역 스크린도어 사망 사고를 기억하나요? 2016년 5월 28일 서울 지하철 2호선 구의역에서 스크린도어를 혼자 수리하던 비정규직 직원 김○○ 씨가 작업을 하다가, 출발하던 전동열차에 치여 사망한 산업재해입니다. 그는 당시 19세였습니다.

승자독식 사회에서는 경쟁에서 이긴 사람이 진 사람보다 훨씬 더 많은 것을 갖게 되고, 진 사람은 적절한 몫보다 훨씬 적게 갖게 됩니다. 우리나라 불평등의 문제입니다. 외부자가 불평등으로 아파하는 대목이기도 합니다.

딱딱하게 굳어요 – 동맥경화 사회

사람은 맑은 피가 흘러야 건강합니다. 핏줄에 기름기가 끼면 혈관이 좁아지거나 막혀서 피가 제대로 돌지 못합니다. 동맥경화라고 합니다. 이렇게 되면 자주 현기증을 느끼거나 만성피로에 빠지게 됩니다. 강도 흘러야 맑습니다. 물이 고이면 썩은 내가 진동합니다. 수질오염이 심각해지면 강은 결국 죽고 맙니다.

사회도 이와 다르지 않습니다. 못사는 사람도 잘살게 될 수 있는 사회가 건강한 사회입니다. 가난한 집에서 태어난 사람이 평생 가난하게 살게 되는 사회는 속으로 썩은 사회입니다.

우리나라는 계층이동이 활발한 나라였습니다. 가난한 집에서 태어났어도 웬만큼 사는 사람들이 많습니다. 급속한 경제성장과 완전고용 덕분에 계급·계층의 상향 이동이 상당히 활발했기 때문입니다. 계층이동이 활발했던 시기에 사회 전반적으로 생활 수준이 높아졌습니다. 사람들이 같은 승강기에 올라타서 1층에서 2층으로, 2층에서 3층으로 올라갔습니다. 다른 사람이 나보다 더 비싼 옷을 입고 있어도 승강기를 타기만 하면 함께 올라갑니다. 이것을 '승강기 효과'라고 합니다. 안정된 삶에 이르는 길이 소수에게 국한되지 않고 고루 열려 있었습니다.

그런데 우리나라는 점점 건강하지 않은 사회가 되어가고 있습니다. 경제협력개발기구에서 눈길을 끄는 발표를 하나 내놓았습니다. 소득이 하위 10%인 가구에서 태어난 사람이 평균소득 집단으로 올라가는 데 걸리는 세대의 수를 가늠해 보았습니다. 한국은 5세대는 거쳐야 못사는 집에서 태어난 사람이 중산층이 될 수 있다고 합니다. 덴마

크가 2세대로 가장 짧았고 OECD 회원국 평균은 4.5세대라고 합니다.[39]

　우리나라는 사회의 피가 활발하게 돌던 시기를 마감하고 계급과 계층이 고착된 시기로 접어들었습니다. 승강기의 출입문이 좁아졌고 고장도 잦습니다. 아니, 승강기 자체가 교체되었다고 보는 편이 정확할 것 같습니다. 우리가 흔히 보는 엘리베이터 외에 버킷 엘리베이터라는 것이 있습니다. 석탄, 비료, 사료 같은 운반물을 싣고 수직으로 움직입니다. 어떤 양동이가 올라갈 때 동시에 다른 양동이는 내려옵니다. 우리나라의 불평등이 그렇습니다. 누구는 승강기를 타고 올라가는데, 다른 누구는 내려갑니다. 시소처럼 말입니다.

　불평등이 꼬리에 꼬리를 물고 세대에 걸쳐 대물림되고 있습니다. 잘사는 집이 계속 잘살고 못사는 집은 계속 못살게 될 확률이 높아졌습니다. 명문 대학에 입학할 요건 중 하나로 '할아버지의 재력'을 꼽는다는 말도 계층이동이 점점 어려워지고 있다는 것을 고발합니다. 부모 세대가 아니라 부모의 부모 세대가 얼마나 잘사느냐에 따라

---

39 OECD, A Broken Social Elevator? (OECD Publishing, 2018).

손자 세대의 지위가 갈라진다는 겁니다. 우리 사회는 그러한 방향으로 치닫고 있습니다. 한국은 점점 동맥경화 사회로 흘러가고 있습니다.

갈라져요 – 균열 사회

건물이 튼튼하게 유지되는 것은 구조가 견고하기 때문입니다. 건물에는 하중이 작용하는데 건물이 짜임새가 단단하면 하중을 떠받치는 힘이 생겨 평형을 유지합니다. 반대로 힘의 평형상태가 깨지면 벽에 틈새가 생기기 시작합니다. 멀쩡한 건물 벽에 틈새가 깊어지고 틈이 길어지면 결국 건물은 무너지고 맙니다.

사회도 다르지 않습니다. 우리가 사는 세상에 생겨나는 틈새를 사회적 균열social cleavage이라고 합니다. 사회적 균열은 갈등과는 다릅니다. 갈등은 사람이 모여 사는 곳이면 어디에나 있습니다. 친구들 사이에도 갈등은 항상 있기 마련입니다. 어떤 갈등은 쉽게 봉합되기도 하지요. A와 B가 싸웠을 때 C가 중재해서 다시 사이가 좋아질 수도 있습니다. 어떤 갈등은 A와 B를 영영 갈라놓을 수도 있습니다. 갈등 중에서 장기간에 걸쳐 지속적으로 사회

집단을 갈라놓고 사회 전체를 갈라치는 것을 사회적 균열이라고 합니다.

균열이 어느 지점에서 생기는지는 사회마다 다릅니다. 인종이 다양한 나라에서는 피부 색깔로 사람들이 갈립니다. 심하면 인종차별로 이어집니다. 종교로 갈리기도 합니다. 가톨릭과 개신교를 믿는 사람들, 불교와 힌두교를 믿는 사람들이 갈라서기도 합니다. 우리나라는 이념, 지역, 계층, 세대가 대표적인 사회적 균열로 꼽힙니다. 자유와 평등의 가치나 북한에 대한 관점을 둘러싸고 진보와 보수가 이념으로 갈라집니다. 지역도 사회적 균열 중 하나입니다. 서울과 지방은 여러모로 차이가 큽니다. 영남과 호남은 투표하는 정당에 차이가 큽니다.

사회적 균열을 낳는 대표적인 요인은 계급과 계층입니다. 부자와 가난한 사람의 차이는 모든 사회에서, 언제나 사회적 균열로 이어져 왔습니다. 치열한 경쟁이 이어지고 경쟁에 따른 보상의 차이가 벌어지면 승자와 패자를 가르는 선은 또렷해집니다. 부자는 더 부유해지고 가난한 사람은 점점 더 가난해지는 부익부 빈익빈 현상은 사회적 균열을 더 깊게 만듭니다. 최근에는 계급과 계층을 둘러싼 사회적 균열이 다양해지고 있습니다. 대기업이나 공공부문에서 일하는 노동자와 중소기업 노동자, 정규직과 비정규직 사이에도 틈새가 넓고 깊습니다.

사회적 균열은 여러 폐해를 낳습니다. 불평등으로 인해 사회에 심하게 틈이 생기면 모두가 어울려 살지 못하고 일부는 잘살고 다수가 못사는 나라가 됩니다. 사회 집단이 잘나가는 내부자와 그렇지 않은 외부자로 갈라지고 있습니다. 2 : 8 사회, 1: 9 사회, 심지어 1:99 사회 같은 말도 사회적 균열을 나타냅니다. 내부자는 골밀도가 높아져 점점 몸이 튼튼해지는 반면에 외부자는 골다공증에 걸릴 확률이 높습니다. 한국 사회라는 방을 이루는 벽에 크고 작은 균열선이 나타나 가로와 세로로, 대각선으로 벽을 갈라놓고 있습니다. 이러다 보니 사회통합social integration이 제대로 실현되지 않습니다. 다 함께 손에 손잡고 잘살면 사회통합이 잘될 터인데 그렇지 못합니다.

몸이 아프면 안 좋은 곳부터 문제가 생깁니다. 손목이 안 좋은 사람은 손목부터, 발목이 시원치 않은 사람은 발목부터 아픕니다. 사회도 마찬가지입니다. 갈라진 사회에서 무슨 일이 생기면 취약한 사람부터 다칩니다. 그럭저럭 버티다가도 불평등의 직격탄을 맞아 다른 사람보다 휘청거리는 사람이나 집단이 있습니다. 특히 코로나19 상황에서 여실히 드러났습니다. 가장 큰 직격탄을 맞은 집단은 자영업자였습니다. 내부자는 큰 영향이 없었습니다. 불평등은 정말 불평등합니다.

사회적 균열은 우리나라 전체에도 악영향을 미칩니다. 지역 간 불평등은 우리 사회에 부메랑으로 다가오고 있습니다. 사람들이 수도권에 몰려 살다 보니 집값이 뜁니다. 수도권에 사는 사람의 주거가 안정되지 못합니다. 수도권도 수도권 나름입니다. 서울의 집값이 비싸다 보니 인근 경기도나 인천으로 나가는 사람도 많습니다. 좋은 일자리라는 사회적 가치를 좇아 서울에 몰려든 사람들이 치르고 있는 대가입니다.

여성은 일자리를 꾸준히 이어가지 못하고 출산과 육아로 경력이 끊기는 경력 단절에 직면하는 경우가 많습니다. 그 자체로 문제이지만, 사회적으로도 또 다른 문제를 낳습니다. 경력 단절이 없었다면 사회발전에 기여했을 여성들의 역량을 사회가 매장하는 꼴이 됩니다.

청년 문제가 특히 심각합니다. 진입할 자리가 좁고 삶이 불안해지니 청년들은 연애와 결혼과 출산을 주저합니다. 연애도, 결혼도, 아이 낳기도 포기하는 것은 지금 청년들의 DNA가 과거 청년들의 DNA와 다르기 때문이 아닙니다. 포기 '당하는' 겁니다. 다른 시각에서 보면 청년들은 보이지 않게 은근한 파업으로 체제에 저항하고 있는 겁니다. 청년들의 포기는 강제된 파업입니다. 청년들의 파업은 우리 사회가 낳은 결과이면서 다시 부메랑이 되어 우리 사회에 돌아오고 있습니다. 출생률 저하가 심각하다고 하는데, 이는 우리 사회가 만든 결과입니다. 이것이 불평등이 치르고 있는 값비싼 대가입니다. 불평등은 이렇게 우리나라의 미래에 먹구름을 드리우고 있습니다.

24시간이 모자라요 – 시간 부족 사회

사람이 햇볕을 쬐지 않으면 비타민D 부족으로 질병이 생깁니다. 운동을 하지도 않는데 땀이 나기도 하고, 뼈가 잘 부러지기도 하며 무기력해지기도 합니다.

우리 사회가 앓고 있는 질병 중 하나가 '시간마름병'입니다. 희소가치를 놓고 생존경쟁을 치열하게 벌이다 보니 잠시라도 한눈을 팔았다가는 나락으로 떨어질지 모른다는 불안감이 엄습합니다. 쉴 수가 없습니다. 24시간이 모자랍니다. 이것을 '시간빈곤'time poverty이라고 합니다. 시간빈곤은 부자와 빈자를 가리지 않습니다. 돈이 많은 사람은 많은 대로, 돈이 적은 사람은 적은 대로 시간이 부족합니다. 우리나라는 물이 부족한 국가라고 하지만 시간이 부족한 국가이기도 합니다.

사실, 우리나라는 쉬지 않고 쉼표를 삭제해 왔습니다. 근면이라는 이름으로 시간빈곤을 부추긴 것이지요. 근면 윤리를 흠뻑 마셨는지 우리나라 사람들은 부지런해도 너무 부지런합니다. 무언가 하지 않고 있으면 좀이 쑤시는 사람이 많습니다.

삶에 '저녁'이 없습니다. 학원가는 밤 10시에도 불야성입니다. 15세 학생이 일주일에 50.5시간 공부합니다. 우리나라와 함께 학생들이 공부 잘하기로 유명한 핀란드는 36.1시간이고, OECD 평균은 44시간입니다. 어른들도 세계에서 가장 오래 일합니다. 지하철에서 고단한 하루의 무게를 이겨내지 못하고 고개를 떨어뜨리고 퇴근하는 사람들을 심심치 않게 보게 됩니다. 잠이 보약인데 근면에 취해 있으니 체질이 허약해집니다. 청소년도 어른도 마찬가지입니다.

이렇게 고단한 삶이 이어지고 있는데, 우리는 지친 사람을 위로할 때 근면을 다시 등장시킵니다. 이미 힘을 낼 만큼 내서 지쳐 있는데, 일이 뜻대로 되지 않아 힘이 없는

[한국과 외국의 공부 시간 · 노동 시간 비교]

국가	학생 주당 공부 시간(2015년)	취업자 1인당 연간 노동 시간(2021년)
한국	50.5	1,945
일본	41.1	1,607
미국	48.1	1,791
영국	43.4	1,497
독일	36.5	1,349
프랑스	42.6	1,490
스웨덴	39.6	1,444
핀란드	36.1	1,518
OECD 평균	44.0	1,716

자료 : OECD

데, 거기에 대고 힘내라고 파이팅을 외칩니다. 고맙지만 위로는 되지 않을 겁니다.

'멍때리기'가 유행입니다. 시간 부족 국가인 한국에서 벌어지는 현상입니다. 사람들이 평소에 멍때리기를 자주 한다면 멍때리기가 유행처럼 번질 까닭이 없습니다. 그냥 쉬어야 합니다. 쉬는 것 자체가 소중한 가치입니다. 재충전을 위해서가 아닙니다.

시간 부족은 우리나라 전반적인 현상이지만 여기에도 불평등이 숨어 있습니다. 편의점에서 아르바이트하는 청년들이 많습니다. 경험 삼아서 해보는 사람도 있겠지만 돈을 벌기 위해 하는 사람도 있을 것입니다. 누구는 아르바이트할 필요 없이 공부만 하면 되는데, 누구는 아르바이트를 해야 등록금을 낼 수 있습니다. 24시간은 누구에게나 주어져 있지만 다 같은 24시간이 아닙니다. 이게 시간 불평등입니다. 시간 불평등을 해소하고 시간이 풍족한 국가로 나아가는 것도 우리 사회의 숙제입니다. 넉넉한 시간도 사람다운 삶의 중요한 요소이기 때문입니다.

너그럽지 못해요 – 관용 결핍 사회

2차선 터널 안에서 차 한 대가 고장 나서 길이 막혔습니다. 처음에는 옆 차선에 있는 차들이 서서히 움직입니다. 고장 난 차를 바로 수리하거나 견인차가 와서 치워주길 기다리면서 '이제 곧 내 차도 곧 움직이게 되겠지'라며 상황을 참아냅니다. 하지만 그것도 잠시, 이 상태가 오래 가면 하나둘씩 차를 옆 차선으로 옮깁니다. 너도나도 끼어들기 시작하면서 자그마한 접촉 사고도 일어납니다. 어느새 터널은 차 한 대도 움직이지 못할 정도로 꽉 막히게 됩니다. 이것을 '터널 효과'라고 합니다.[40] 불쾌한 상황을

---

40 Albert Hirschman, "The changing tolerance for income inequality in the course of economic development", World Development, vol. 1, no. 12(1973).

참아내는 인내심이 일정 시점이 지나면 바닥을 드러내게 된다는 겁니다.

같은 터널에 들어가려는 사람들이 서로 먼저 들어가겠다고 아우성치는 것이 우리 사회의 현실입니다. 대학입시, 취업, 내 집 마련처럼 인생의 분기점마다 벌어지는 풍경입니다. 때로는 터널의 반대편에 있는 사람들이 충돌하는 현상도 벌어집니다. 코로나19가 한창 기승을 부릴 때 영업시간 제한으로 자영업자들이 어려움을 많이 겪었습니다. 그런데 월세와 카드 수수료도 자영업자들을 힘들게 만드는 요인으로 꼽힙니다. 당시 금융당국은 카드 수수료 인하를 검토했습니다. 그러자 7개 카드사 노조는 금융위원회 앞에서 수수료 인하 반대 투쟁을 벌였습니다. 카드사는 임금이 높은 금융업에 속합니다.

터널이 아예 다른 사람들끼리도 생존 투쟁의 길목에서 마주하기도 합니다. 서울의 유명한 대학교에서 벌어진 일입니다. 대학교에는 청소를 담당하는 분들이 있습니다. 이분들이 시급을 440원 올리고 샤워실을 설치하라는 요구를 내걸고 시위를 벌였습니다. 대학생 3명이 시위를 벌인 노동조합을 고소했습니다. 시위하면서 내는 소음 때문에 학습권이 침해되었다는 것입니다. 노동조건을 개선하려는 청소 노동자의 울부짖음도, 소중한 시간에 공부에 집중해야 하는 학생들의 절박함도 모두 존중받아야 할 가치입니다. 모두 안정적 삶에 진입하려는 몸부림에서 나온 외침입니다.

희소가치를 둘러싼 투쟁이 격심해지다 보니 우리 사회는 마음이 너그럽지 못한 사람들로 가득 차 있습니다. 인내심이 바닥을 드러내게 된 것입니다. 치열한 생존 투쟁은 이렇게 관용 결핍증을 낳고 있습니다.

서로 믿지 못해요 - 불신 사회

학교에서 여럿이 조별 과제를 하게 되면 서로 역할도 나누고 상의하며 진행할 겁니다. 조원들끼리 아웅다웅 다투는 조는 배가 산으로 가는 경우가 있습니다. 반대로 조원들끼리 의기투합하면 의논하면서 참신한 아이디어가 샘솟습니다. 이럴 때 좋은 점수를 받게 될 겁니다.

경제에는 밑천이 필요합니다. 천연자원 같은 물리적 자원뿐 아니라 기술력과 인력도 있어야 합니다. 우리나라는 천연자원은 부족하지만 우수한 인력이 경제성장을 이끈 동력이었습니다. 이제는 경제의 기초체력이 웬만큼 튼튼해졌고 든든한 밑천도 갖추어졌습니다. 사회가 굴러가는 데도 밑천이 필요합니다. 이것을 '사회적 자본'social capital 이라고 합니다. 사회적 자본이란 집단 내 또는 집단 간의 협력을 촉진하는 사회 공통의 규범이나 가치를 말합니다. 사회에서 전반적으로 통용되는 협력 문화 정도로 이해하면 됩니다.

수학에서는 [1 + 1 = 2]입니다. 그런데 사회에서는 1 + 1이 반드시 2는 아닙니다. [1 + 1 = 2 + a]입니다. 그 a의 부호는 플러스일 수도 있고 마이너스일 수도 있습니다. a를 플러스로 만드는 것이 바로 신뢰trust입니다. 사회적 자본의 대표선수가 바로 신뢰입니다. 신뢰를 바탕으로 형성되는 구성원의 협력이 사회의 든든한 밑천입니다. 서로 믿지 못하면 뺄셈 사회가 되고 사람들이 서로 믿으면 덧셈 사회가 되는 것입니다.

신뢰를 중시하는 배경이 있습니다. 잘나가는 조직이나 나라들을 살펴보니 공통으로 개인 간의 신뢰와 공적 제도(의회, 정부, 법원 등)에 대한 신뢰가 있더라는 것을 발견하게 되었습니다. 반대로 사람들이 서로 믿지 못하면 손을 맞잡지 않게 되고, 불신이 쌓이면 사회 전체적으로 손해가 나게 됩니다. 서로가 협력하지 않으면 사회가 제대로 굴러가지 않습니다.

한국인은 다른 사람을 얼마나 믿으면서 살아갈까요? 경제협력개발기구는 "사람들은 대부분은 믿을 수 있다"와 "조심해야 한다" 중 하나를 고르게 해서 신뢰도를 측정하고 있습니다. 우리나라는 사람들을 믿을 수 있다고 응답한 사람이 26.6% 정도에 불과합니다. 네 명 중 한 명 정도만 다른 사람을 믿고 나머지 세 명은 믿지 않는다는 말입니다. 반면에, 세계에서 다른 사람을 가장 믿고 지내는 나라는 덴마크로, 신뢰 응답률이 74.9%에 이릅니다.[41] 한국은 신뢰가 낮은 사회입니다.

그런데 신뢰는 불평등과 관련이 깊습니다. 평등한 사회는 신뢰가 두텁고, 불평등한 사회일수록 서로 믿지 못합니다. 지니계수가 0.256인 덴마크는 75%가 다른 사람을 믿을 수 있다고 봅니다. 반대로 지니계수가 0.459인 멕시코는 12.4%만이 다른 사람을 믿는다고 합니다. 우리나라는 지니계수가 0.363, 신뢰도가 26.6%입니다. 지니계수는 높고 신뢰도는 낮은 사회에 속합니다.

우리나라가 저신뢰 사회인 이유가 있습니다. 승자독식

---

41 OECD, Society at a Glance (OECD Publishing, 2016).

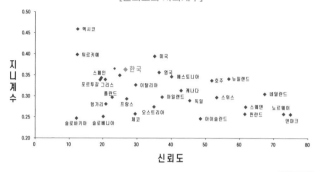

[신뢰도와 지니계수]

자료 : OECD

이 횡행하는 사회에서는 구성원들 각자가 알아서 살아남아야 합니다. 입시, 취업, 아파트 청약 등 삶이 온통 경쟁입니다. 사회적 가치가 배분되는 교차로에 걸린 신호등에 '승. 자. 독. 식.'이라고 쓰여 있으니 사람들은 자신을 스스로 더불어 살아가는 공동체 구성원이라기보다는 개별적인 행위자로 여기게 되고 타인을 경쟁자로 인식하게 됩니다. 서로를 경쟁자로 인식하면 서로 믿기 어렵고, 서로 믿지 못하면 협력하지 않습니다. 불평등은 이렇게 우리 사회 공동의 밑천인 신뢰를 훼손하고 있습니다.

빨리 가려면 혼자 가고, 멀리 가려면 함께 가라는 말이 있습니다. 아프리카 속담이라고 합니다. 인생은 마라톤입니다. 마라톤 경기에서는 선두에 달리는 선수가 뒤에 오는 선수를 불러들여 옆에서 같이 뛰도록 하는 장면이 자주 나옵니다. 같이 뛰면 서로 완주할 수 있고 기록이 좋아지는 데 보탬이 되기 때문입니다.

우리 사회는 혼자서 100미터를 전력으로 질주하는 사람으로 가득 차 있습니다. 이러다 보니 금방 지칩니다. 신뢰를 기반으로 만들어지는 협력이 사회의 기초체력입니다. 불평등은 우리 사회를 기초체력이 허약한 사회로 만들고 있습니다.

서로를 밀쳐내요 - 배척 사회

인천공항의 비정규직 정규직화가 뜨거운 쟁점으로 떠올랐던 2017년 11월 공청회가 열렸습니다. 방청객이 몰려 발 디딜 틈 없었습니다. 공항에서 일하고 있는 정규직과 비정규직도 참석했습니다. 정규직으로 바뀔 일자리는 정규직이 종사하는 일자리가 아닌데도 정규직은 비정규직을 무임 승차하려는 사람으로 몰아붙였습니다. 어떤 비정규직 노동자는 눈물을 보였다가 야유를 받았습니다. 그동안 받아왔던 차별에 대한 절규를 정규직은 '눈물 팔이'로 읽었던 모양입니다. 같은 일터에서도 정규직이 비정규직의 마음에 상처를 냈습니다. 환경미화 11년 차 여성 노동자는 "우리가 정규직의 몫을 빼앗자는 게 아닌데, 같은 일터에서 일하는 정규직이 우리 가슴에 대못을 박지 말아 달라"라고 말했습니다. 장내가 숙연해졌다고 합니다.

2021년 3월 시민단체 참여연대와 민주사회를위한변호사모임민변은 한국토지주택공사LH 직원들이 내부정보를 이용해 부동산 투기를 했다는 의혹을 제기했습니다. 조사와 수사가 진행되었습니다. 시민들은 시위로 분노를 표출했습니다. 그 와중에 LH 직원이 SNS에 올린 내용이 공개되었습니다.

- 내부에선 신경도 안 씀. 한두 달 지나면 사람들 기억에서 잊혀서 난 열심히 차명으로 투기하면서 정년까지 꿀 빨면서 다니련다.
- 28층이라 시위하는 소리 하나도 안 들림. 개꿀.

주택건설 계획을 담당하는 공공기관에서 벌어진 부동산 투기에 항의하는 시민들을 내부자가 조롱한 것입니다.

사람에게 마음이 있듯이 사회에도 마음이 있습니다. 마음이 넉넉한 사람들이 많으면 너그러운 사회가 되고, 다른 사람 트집 잡기 바쁜 사람이 많으면 속 좁은 사회가 됩니다. 평등한 사회일수록 너그러운 사회가 되고, 불평등이 심한 사회일수록 속 좁은 사회가 될 것입니다. 사람들이 승자독식 상황에 놓이면 마음이 너그러울 수 없습니다. 서로 포용하는 문화보다 질시하고 배척하는 문화가 판치게 됩니다. 곳간에서 인심 나는 법인데, 승자독식 구조에서 마음의 곳간이 텅텅 비어 있으니 곳곳에서 날 선 반응이 나타나는 것은 어찌 보면 당연한 일입니다.

사회적 균열이 사회의 마음을 할퀴고 있습니다. 사회의 마음에 생채기가 깊습니다. 강자가 약자를 무시하는 것에 그치지 않고 비난, 경멸, 혐오 수준으로 이어지기도 합니다. 대학의 같은 학부, 같은 학과 안에서도 수시 전형으로 입학한 친구를 '수시충', 지역균형선발 전형으로 입학한 친구를 '지균충'이라 부른다는 얘기가 있습니다.

서로를 배척하는 마음은 세대를 타고 만들어지기도 합니다. 기성세대들은 청년의 현실이 어려운 것은 이들이 노력을 덜 했기 때문이라고 여기는 경향이 있습니다. 기성세대들은 자기 경험을 절대화하기도 합니다. "나 때는 말이야"라는 판에 박힌 훈계조의 말투는 '라떼'라는 말로 풍자되기도 합니다. 이런 기성세대를 보는 청년의 시선은 곱지 않습니다. 어느 노동조합이 내놓은 보고서는 청년 노동조합원의 목소리를 담았습니다.

> 후배들이 봤을 때, 선배 세대들은 쉬운 업무만 찾아서 하려고 하는 거죠. 그러기 위해 본인의 인맥을 이용하는데…[42]

군이 배척 문화의 금메달과 은메달을 가리자면 금메달은 기성세대의 몫입니다. 청년들이 분투해도 내부자에 진입하지 못하는 구조를 만든 사람들은 바로 기성세대이기 때문입니다. 이런 구조를 만들어 놓고 청년의 개인적 노력이나 심성을 탓하는 기성세대는 그야말로 옹졸한 거지요.

세대뿐 아니라 남성과 여성 사이에도 배척 문화가 싹트고 있습니다. '안티 페미니즘' 운동이 벌어지기도 했습니다. 일부 남성은 한국이 남성 중심 사회에서 서서히 탈피하면서 여성의 지위가 높아지는 현실을 받아들이기 어려웠던 모양입니다. 정치적 성향도 달라, 20대 남성을 지칭하는 '이대남'과 20대 여성을 지칭하는 '이대녀'라는 말이 나오기도 했습니다. 이런 용어들이 출현한 것 자체가 우

---

[42] 사회공공연구원,『청년 조합원에 대한 이해와 노동조합의 과제』(2019).

리 사회에서 서로서로 배척하는 장벽에 젠더라는 새로운 요소가 보태졌음을 뜻합니다.

배척의 심성은 대외적으로도 발현되고 있습니다. 2018년 예멘 난민 561명이 제주도에 들어와 그중 549명이 난민 신청을 했습니다. 찬반양론이 뜨거웠습니다. 여론조사 기관에서 국민의 의견을 물어보았습니다. 수용에 찬성하는 입장은 24%에 그친 데 반해 반대하는 입장은 56%에 이르렀습니다. 20대는 70%, 30대는 66%가 반대했습니다.[43] 2030 청년들이 예멘 난민 수용에 부정적인 것은 이들이 직면하고 있는 현실과 관계가 깊습니다.

배척 문화는 독버섯을 배양합니다. 독버섯 중에서 특히 심각한 것이 극우주의입니다. 극우주의는 '극단적인 우익'을 지칭하는 말로 보통 집단과 집단, 국가와 국가를 가르고 타자들 또는 타국을 배척하는 성향을 띱니다. 차별주의, 순혈주의, 인종주의, 극단적 민족주의, 전체주의, 국가주의 등이 극우주의의 얼굴입니다. 극우주의는 다른 개인, 집단, 국가에 대한 배척에 그치지 않고 극단적 혐오로 치닫곤 합니다. 독일 히틀러의 나치, 이탈리아 무솔리니

---

43 웹사이트(https://hrcopinion.co.kr) 2022년 12월 30일 검색.

의 파시즘이 역사상 엄청난 해악을 끼친 극우주의에 해당합니다.

한국 사회에도 극우 성향을 지닌 집단이 나타났습니다. '일베'로 약칭되는 온라인 커뮤니티 '일간베스트저장소'는 여성혐오 성향을 거침없이 드러내고 있습니다. 일베는 이제까지 여성들이 보호의 대상임을 강조하면서 부당한 이득을 얻어왔다고 봅니다. 여성들이 양성평등을 내세우지만 실제로는 남성들의 양보와 희생을 강요한다면서, 이는 공정성을 훼손하는 역차별이라고 봅니다. 이들은 여성전용주차장을 폐쇄하라고 하거나 여성도 입대하라고 주장합니다. 이들은 여성혐오를 내세울 뿐만 아니라 강력한 국가 재건을 위해 절대자의 귀환을 요청하기도 합니다. 진보를 '종북'으로 등치시키기도 하고, 5·18광주민주화운동을 폭동으로 규정하고 전라도 지역을 반역의 틀에 가두기도 합니다.

그래도 다행입니다. 극우주의가 사회 전반에 폭넓게 파고드는 것을 막을 정도의 자체적인 정화 능력을, 우리는 갖추고 있습니다. 극우주의는 일부 집단, 특히 젊은 남성 중 일부에 치우친 현상으로 보입니다. 우리 사회가 아직 혐오 사회로까지 나아가지는 않은 것 같습니다. 하지만 앞으로 불평등이 심해지면 혐오는 더욱 강해질 것입니다.

서로서로 배척하는 사회는 밴댕이 소갈딱지같이 속 좁은 사회입니다. 다른 사람이나 집단을 포용이나 관용의 마음으로 대하지 않고 무시·비난·경멸로 대하는 사회가 품격 있는 사회일 수 없습니다. 사회의 품격이 낮아지면 다시 구성원 개개인에게 상처를 안겨주게 됩니다. 사람으로서 받아야 할 마땅한 존중을 주고받지 않는 것입니다. 다른 사람을 무시하는 사람은 또 다른 사람에게 무시당하면서 살아갑니다.

우리의 문화가 옹졸해진 것은 사람다운 삶이 골고루 실현되지 못한 데 원인이 있습니다. 인간다운 삶이 사회적으로 희소한 가치가 되다 보니 서로를 배척하는 사회, 심지어 혐오하는 사회적 병리 현상이 벌어지고 있습니다. 불평등은 서로 존중하지 않는 사회라는 엄청난 대가, 숫자로 표시할 수 없는 대가를 발생시키고 있습니다.

꿈이 가물어가요 – 희망 빈곤 사회

어떤 설문조사에서 초등학생의 장래 희망을 물어보았더니 놀랍게도 건물주가 꼽혔다고 합니다. '조물주 위에 건물주'라는 말이 그냥 농담으로만 들리지 않습니다. 장래 희망으로서 건물주는 무엇을 상징할까요? 바로 안정적인 불로소득입니다. 건물주는 건물을 빌린 사람에게서 매달 월세를 또박또박 받습니다. 건물주라고 해서 전혀 일하지 않는 것은 아닙니다. 건물관리도 해야 하고 때로는 세입자와 입씨름해야 할 수도 있습니다. 그러나 임금 노동자나 자영업자와 비교해 보면 건물주가 하는 일은 비교가 되지 않습니다.

초등학생의 장래 희망은 우리 사회의 변화를 반영합니다. 얼마 전까지만 하더라도 우리나라에 통용되었던 신화가 있었습니다. 우리 사회는 한 발씩 앞으로 나아가고 있다는 믿음입니다. 한국은 발전에 발전을 거듭하여 끊임없이 앞으로 나아갈 것이라는 낙관적 전망이 우세했습니다. 사람들은 대부분 자기는 고생하면서 살았더라도 자식 세대는 우리보다 더 잘살게 될 것이라는 믿음을 공유하고 있었습니다.

그런데 이 믿음이 깨지고 있습니다. 다음 세대가 계층 이동이 가능하다고 보는 비중이 2009년에 60%를 넘었지만 2011년에 50%대로 떨어지더니 2015년부터는

30% 중반대에 머물고 있습니다.[44] 계층이동 가능성이 점점 줄어든다고 인식할수록 사람들은 물질적 안정성을 추구하는 경향이 높아지기 마련입니다. 나이가 들수록 꿈이 '풍요롭고 안정적으로 사는 것'이 되어 버립니다. 꿈을 삶에 적응시키는 것이겠지요. 꿈꾸며 살아가는 게 아니라 사는 대로 꿈꾸는 겁니다. 기성세대가 물질을 중시하는 것은 그렇다고 치더라도 아직 사회생활을 시작하지 않은 학생들에게도 가치관이 이전되고 있습니다. 초등학생도 보는 대로 꿈을 꾸게 되었습니다. 꿈이 건물주라는 것은 안정된 삶을 이루기 어렵다는 불안감이 어린 학생들에게도 침투했다는 것을 말합니다.

잘살게 될 희망이 전반적으로 약해지고 있지만 미래에 관한 전망이 한결같이 낮아지는 것은 아닙니다. 소득이 높은 집의 자녀일수록 고소득을 올리는 직업을 희망하고 저소득층일수록 그렇지 않은 직업을 원한다고 합니다. 꿈을 꾸는 데도 돈이 들어가는 사회입니다. 꿈도 돈으로 갈라지는 사회, 희망 격차 사회가 된 것입니다.

희망 격차는 사회적 질병입니다. 뜻하는 바를 이루고자

---

44 통계청, 「사회조사」.

애쓰지만, 번번이 실패하는 상황을 희망 고문이라고 말합니다. 희소가치의 불평등한 배분 탓에 희망 고문에 내몰리는 사람들이 많습니다. 한편으로는 잘나가는 사람의 우월감과 다른 한편으로는 그렇지 않은 사람의 패배감으로 갈라져 있는 것이 우리 사회의 현실입니다.

이러다 보니 자신을 스스로 잘나가지 못한다고 생각하는 사람은 패배 의식에 찌들어 갑니다. '잉여剩餘라는 자조 섞인 말이 패배감을 대표합니다. 남는 것을 뜻하는 잉여는 잉여 농산물, 잉여 생산물처럼 물건을 두고 이르는 말이었습니다. 이제 잉여는 아무도 데려가지 않는 사람을 가리키는 말이 되었습니다. 잉여 인간, 잉여 청춘, 잉여남, 잉여녀, 잉여 수험생처럼 경쟁에서 뒤처져 사회에서 쓸모없는 존재라는 의미로 사용됩니다. 자기를 잉여로 보는 시각에는 스스로 비하하는 마음이 서려 있습니다.

세상에 잉여인 사람은 없습니다. 사람은 존재 자체로 소중합니다. 아웅다웅 다투는 강자와 약자도, 기성세대와 청년세대도, 남성과 여성도, 서울 사는 사람과 지방 사는 사람도, 예멘 난민도 모두 사람으로서 존엄합니다.

불평등은 우리나라를 꿈이 가난한 나라로 만들고 있습니다. 약자들에게 꿈이 아니라 좌절을 심는 나라가 되어

가고 있습니다. 불평등이 그렇습니다. 그 많던 청운의 꿈들은 어디로 갔을까요?

돈이 있어도 행복하지 않아요 – 불행한 선진국

미국 하버드대학 출신 투자자가 멕시코의 한적한 바닷가로 휴가를 떠났습니다. 어부 한 명이 물고기를 잡고 나서 와인 한잔 마시면서 쉬고 있었습니다. 그 어부는 하루에 2시간 정도 물고기를 잡고, 그 물고기로 가족들과 나눠 먹으면서 살았습니다. 투자자는 그 어부에게 다가가 부자 되는 법을 가르쳐 주었습니다.

투자자 : 고기 잡는 시간을 더 늘리세요. 그러면 돈을 더 벌 수 있습니다.

어　부 : 그래서요?

투자자 : 그 돈으로 더 큰 배를 사세요. 사람을 쓰면 물고기를 더 잡습니다.

어　부 : 그다음은요?

투자자 : 냉동설비도 들여놓고 배도 늘려서 돈을 더 벌면 돈 걱정 안 하고 편안하게 살 수 있습니다.

어　부 : 그다음은요?

투자자 : 은퇴해서 저처럼 휴양지에 와서 친구들과 즐겁게 낚
　　　　시나 하면서 편안하게 살 수 있습니다.

어　부 : 이보시오. 지금 내가 하고 있는 게 그거잖소![45]

　인생의 궁극적인 목표는 행복이라고 합니다. 사람마다 행복하다는 느낌을 받는 순간은 다를 겁니다. 여러분은 언제 행복하다고 느끼나요? 아마도 친구들과 놀거나 게임을 할 때 행복하다고 느끼는 친구가 많겠지요. 간혹 어려운 수학 문제를 풀었을 때 행복해지는 친구도 있기는 할 겁니다.

　우리나라 사람들은 얼마나 행복하게 살까요? 보통 생활에 어느 정도 만족하는지를 물어보고 수치로 제시합니다. 우리나라 학생들의 만족도는 10점 만점에 6.52점이고 전체는 5.8점 정도로 나옵니다. 경제협력개발기구 회원국의 평균은 각각 7.04점과 6.7점입니다. 우리나라 사람들은 학생이건 성인이건 그다지 행복하다고 느끼지 않는 편에 속합니다.

---

45 Mark Albion, More Than Money (Berrett-Koehler Publishers, 2009).

[행복감 국제 비교]

국가	청소년(2018년)	전체(2020년)
한국	6.52	5.8
일본	6.18	6.1
미국	6.75	7.0
영국	6.16	6.8
독일	7.02	7.3
프랑스	7.19	6.7
스웨덴	7.01	7.3
핀란드	7.61	7.9
OECD 평균	7.04	6.7

자료 : OECD

　행복은 가치관을 반영합니다. 가치관에는 두 가지가 있습니다. 하나는 물질주의 가치관으로 경제적 풍요를 중시하는 태도입니다. 다른 하나는 정치참여, 봉사, 자아실현, 명예 같은 정신적 가치를 중시하는 입장입니다. 이것을 물질주의 가치관과 대비시켜 탈물질주의 가치관이라고 합니다. 물질적 풍요를 달성한 나라들은 사람들이 돈보다 정신적 가치를 중시하는 경향이 있습니다.

　우리나라는 못사는 나라가 아닙니다. 세계 10대 경제 강국에 속합니다. 이제 집집마다 자동차도 있습니다. 인구가 5,000만 명을 넘고 1인당 국민소득이 3만 달러 이상인 국가들을 '30-50 클럽'이라고 부르는데 여기에는 미국, 영국, 독일, 프랑스, 이탈리아, 일본과 한국밖에 없습니다. 2010년에는 OECD 산하 개발원조위원회에 가입했습니다. 도움을 받는 나라에서 도움을 주는 나라로 바뀌었습니다.

그렇다면 우리나라 사람들은 어떤 가치관을 가지고 있을까요? 우리나라 사람들도 돈에 집착하는 태도에서 벗어나 사회참여나 자아실현 같은 보다 고급스러운 가치를 추구하게 되었을까요? 그렇지 않습니다. 물질적 풍요를 웬만큼 달성한 우리나라에서 가치관은 그만큼 자라지 못했습니다. 우리나라는 돈이 최고의 가치로 받아들여지는 사회입니다. 돈에 집착하는 사람들이 상당히 많습니다. 돈이면 다 된다는 물질만능주의가 팽배합니다. 돈을 숭상한다는 뜻에서 배금주의拜金主義라고 부르기도 합니다.

우리나라는 돈이 많은 사람이 행복하다고 느끼고 반대는 불행하다고 느끼는 경향이 강합니다. 해마다 여론조사를 하는데 고소득층일수록 행복하다고 응답하는 비중이 높고 저소득층일수록 불행하다고 응답하는 비중이 높습니다. 자신을 행복하다고 느끼는 사람과 불행하다고 느끼는 사람 모두 행복에 영향을 미치는 중요한 요인으로 고정적인 수입을 꼽습니다. 돈이라는 희소가치가 행복에 미치는 영향이 크다는 겁니다.

돈이 행복에 영향을 크게 미치는 건 자본주의 사회에서

공통된 특징입니다. 하지만 찢어지게 가난할 때와 웬만큼 살게 되었을 때 돈의 가치는 달라집니다. 목이 마를 때 사이다를 마시면 첫 모금이 가장 시원합니다. 두 번째 모금은 확실히 덜 시원합니다. 사이다를 열 모금째 들이켜면 오히려 역겨워집니다. 한계효용체감의 법칙이라고 합니다. 우리나라에서 돈은 여기에 해당하지 않는 모양입니다. 돈이 있어도 돈이 그리운 사회입니다. 돈을 안정적인 생활을 가능하게 하는 가장 중요한 요인으로 보기 때문입니다.

어떤 나라가 행복할까요? 타고난 성품이 해맑은 사람이 많으면 행복하다고 느끼겠지요. 개인의 성격 말고 사회적으로 중요한 요인이 있습니다. 바로 불평등입니다.

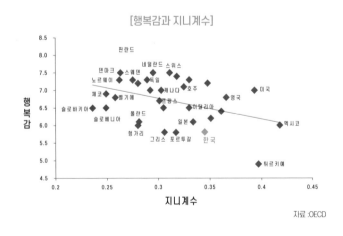

[행복감과 지니계수]

자료 :OECD

평등한 나라일수록 행복하고 불평등한 나라일수록 불행합니다. 경제협력개발기구 회원국 중에서 행복도가 가장 높은 국가는 핀란드입니다. 우리나라는 여러 나라 중에서 소득이 불평등하고 행복지수가 낮은 나라에 속합니다.

돈이라는 사회적 희소가치의 불평등한 분배가 나라를 멍들게 하고 있습니다. 한국은 선진국인데 사람들은 행복하지 않으니, 불행한 선진국입니다. 돈이 많아도 돈이 그리운 사회가 행복한 사회는 아닐 겁니다. 이것이 불평등으로 인해 우리가 치르고 있는 크나큰 비용입니다.

늪에 빠져요 – 똑똑한 바보들의 세상

1997년 말 외환위기 때의 일입니다. 입에 풀칠이라도 하려고 야트막한 산에 올라 나물을 뜯는 사람들이 많아졌습니다. 그런데 뿌리까지 뽑는 바람에 나물의 씨가 말라 갔습니다. 해마다 나물 캐는 사람들은 압니다. 나물을 뿌리째 뽑으면 다음 해에는 뜯을 나물이 없다는 것을! 어부가 너도나도 물고기를 잡아버리면 어부의 주머니는 두둑해지겠지만 물고기는 씨가 마릅니다. 나중에는 잡을 물고기가 없습니다.

딜레마dilemma라는 말을 들어봤을 겁니다. 딜레마는 두 가지 목표를 모두 달성할 수 없고 어느 하나는 포기해야 하는 상황을 말합니다. 방과 후에 친구와 수다도 떨고 싶고 영화도 보고 싶은데 주어진 시간이 한정되어 있으면 둘 다 할 수 없습니다. 어느 하나를 선택해야 합니다.

개인의 딜레마만 있는 것이 아니라 사회적인 딜레마도 있습니다. 사회적 딜레마란 개인들이 각자 이익을 추구하다가 사회 전체의 안녕을 해치는 상황을 일컫습니다. 어처구니없게도 사회적 딜레마를 일으키는 사람은 매우 합리적입니다.

우리는 '합리적'이라는 말을 이치에 맞는다는 뜻으로 씁니다. 그런데 서양에서는 뜻이 매우 다릅니다. 합리성이 영어로 rationality인데, 그 어원은 투입과 산출의 관계를 뜻하는 ratio에 있습니다. '얼마만큼 들이면 얼마만큼 나온다'라는 의미입니다. '인간은 합리적이다'라는 말은 인공지능처럼 자기의 이익을 계산할 줄 안다는 것입니다. 그래서 합리적이라는 말은 이기적이라는 뜻을 내포합니다.

서양에서도 중세 시대까지는 이기적이라는 말의 뜻이 곱지 않았다고 합니다. 돈 버는 일도 그다지 환영받지 않았던 모양입니다. 교회는 돈을 빌려주고 이자를 받는 행위를 엄격하게 금지했습니다. 그런데 자본주의와 함께 이 기적이라는 말의 뜻은 역전됩니다. 이기심을 가진 행위자가 경제활동을 하게 되면 자연스럽게 균형에 도달한다는 믿음이 생겨났습니다. 오히려 사람이 이기적인 행동을 하면 '괜찮아, 다 잘될 거야'라는 생각이 움텄습니다. 수요와 공급 곡선이 만나 균형을 이룬다는 것은 이런 뜻을 내포합니다.

그러나 현실은 그렇지 않은 경우가 허다합니다. 사회적 함정social trap이 있기 때문입니다. 사회적 함정이란 당장에는 개인에게 이익이 되는 것 같지만 장기적으로는 개인뿐 아니라 공동체 전체의 안위를 위협하게 되는 상황을 말합니다. 사회적 딜레마의 일종입니다.

예를 들어 보겠습니다. 어느 회사 사장이 돈을 많이 벌고 싶습니다. 월급을 줄이려고 직원을 해고하고 로봇을 들여옵니다. 합리적인 행동입니다. 첫해에는 손해가 납니다. 직원 월급을 아꼈지만, 로봇 들여오는 데 돈이 많이 들었기 때문입니다. 다음 해에는 버는 돈과 나가는 돈이 얼추 비슷해집니다. 그다음 해부터 돈을 벌기 시작합니다. 이듬해에는 더 많이 법니다. 그런데 10년이 지나니까 공장 문을 닫게 되었습니다. 로봇으로 만든 물건이 팔리지 않았습니다. 사장들이 너도나도 직원을 해고해서 사람들이 돈이 없으니 물건을 사고 싶어도 못 사기 때문입니다. 이 공장 저 공장이 망하면 나라 경제가 고꾸라집니다. 경제위기는 종종 이렇게 발생합니다.

사람들이 돈 벌기에 매몰되면 비극적인 사건을 낳기도 합니다. 2014년 세월호 사건의 직접적인 원인은 '화물 과적 상태에서의 평형수 부족'이었습니다. 돈을 벌기 위해 화물을 더 실었고, 이러다 보니 평형수를 뺐다는 것입니다. 평형수는 배의 중심을 잡아 좌우로 흔들리는 것을 막아준다고 합니다. 세월호 사건은 304명의 희생자를 내며 가족뿐 아니라 온 국민에게 씻을 수 없는 상처를 남겼습니다.

개인이 당장 이익을 추구하는 건 합리적 행동입니다. 그런데 개인의 합리적인 이익 추구가 쌓이면 장기적으로 사회 전체의 안녕을 해칠 수 있습니다. 이렇게 행동하는 사람들이 똑똑한 바보rational fool들입니다. 이들은 합리적이지만 결국에는 어리석은 행동을 합니다.

불평등 문제도 사회적 함정에 해당합니다. 한국인 대부분의 삶은 치열한 생존 투쟁에 휘감겨 있습니다. 생존 투쟁은 사회적 함정을 곳곳에 파놓고 있습니다. 내부자들은 자신의 이익을 지키려 합니다. 월급 많은 일자리에서 더 오래 일하려고 정년을 연장하기도 합니다. 이렇게 되면 청년을 채용할 여력이 줄어듭니다. 은퇴할 부모는 직장에 출근하는데 자식들은 취업을 준비합니다. 손주 볼 나이가 되었는데 감감무소식입니다. 똑똑한 바보들이 맞게 되는 현실입니다.

아파트 주민 중에 누가 시세보다 싸게 집을 내놓으면 주위에서 따지고 듭니다. 자신들의 집값이 덩달아 내려가기 때문입니다. 갖은 수단을 다 써서 집값을 올립니다. 너도나도 이렇게 행동하면 우리나라 집값 전체가 올라가겠지요. 집 가진 사람은 당장에는 흐뭇할지 모릅니다. 나중에 자식들은 집을 마련하기 더 어려워집니다.

한국 사회는 사회적 함정에 빠져 허우적대는 똑똑한 바보들의 세상일지 모릅니다. 청년의 강요된 파업과 저출생은 똑똑한 바보들이 연출한 비극일 수도 있습니다. 더 늦기 전에 질퍽한 늪에서 빠져나와야 합니다. 드라마 '오징어 게임'에서 노인이 외칩니다.

그만 해! 이러다 다 죽어!

나라가 위험해요 – 흔들리는 나라

'망했다'라는 말을 자주 쓰지요? 뜻한 대로 결과가 나오지 않을 때 주로 씁니다. 심할 때는 '폭망'이라는 말도 씁니다. '이번 생은 망했다'라는 표현도 자주 씁니다. 이번 생은 망했다는 표현이 널리 쓰이는 나라는 실제로 망해가는 나라일지 모릅니다.

『국가는 왜 실패하는가』라는 책이 있습니다.[46] 이 책은 역사적으로 흥망성쇠를 경험한 사례를 훑어보고 어떤 나라가 풍요로워지고 어떤 나라가 가난해지는지를 밝혔습니다. 책은 두껍지만, 주장은 매우 단순하고 명쾌합니다. 모두를 끌어안는 포용적인 정치제도와 경제제도가 꽃피우면 발전과 번영을 맞이하고, 지배계층의 배만 불리는 나라는 전체가 빈곤의 나락으로 떨어진다는 것입니다. 쉽게 표현하면 더불어 잘사는 나라가 흥하고 일부만 잘사는 나라는 망한다는 것이지요. 그렇습니다. 평등이 성공의 열쇠입니다. 불평등은 마음씨가 곱지 못합니다. 언젠가는 공동체에 복수의 칼날을 겨누게 됩니다.

---

46 Daron Acemoglu and James Robinson 지음, 최완규 옮김, 『국가는 왜 실패하는가』(시공사, 2012).

지금 우리나라는 어떤 상태일까요? 불평등은 우리나라를 승자독식 사회, 균열 사회, 동맥경화 사회, 쉼표 없는 사회, 불신 사회, 배척 사회, 희망 빈곤 사회, 불행한 선진국으로 만들고 있습니다. 그렇다고 우리가 나라가 망하는 길로 접어든 것은 아닙니다. 우리 사회의 기초체력은 아직 허약하지 않습니다.

그러나 이런 진단에는 '아직은'이라는 수식어가 붙습니다. 지금도 불평등이 심각한 수준에 도달했지만, 나중에는 지금이 평등한 사회였다는 평가가 나올 수도 있습니다. 우리가 국가 실패로 한 걸음씩 다가서는 것은 아닌지 우려스럽습니다.

불평등이라는 질병이 나라를 병들게 하고 있습니다. 잘사는 사람만 계속 잘살게 되고 못사는 사람은 계속 못살게 되는 나라는 결코 성공하는 나라가 될 수 없습니다. 불평등이 지속되는 나라에 미래는 없습니다. 지금도 늦지 않았습니다. 그렇다면 우리는 무엇을 해야 할까요?

무엇을 해야 할까요?

앞으로 어떤 세상이 될까요? - 미래의 불평등

앞으로 우리는 어떤 세상에서 살게 될까요? 미래에는 지금보다 한국의 불평등이 점점 누그러져 모두가 살기 좋은 사회가 될까요? 아니면 가뜩이나 심각한 불평등이 더욱 심해질까요? 그리 낙관적이지 않습니다. 불평등을 낳고 있는 주요 길목에서 병목현상이 해소되기 어려울 것 같기 때문입니다.

대학의 서열화는 더욱 단단해지고 있습니다. 안정적 삶에 이르는 첫 번째 관문인 명문대 입학에서 경쟁이 날로 치열해지고 있습니다. 또한, 서울대 신입생이 의대에 진학하기 위해 '반수'를 선택하기도 합니다. 의대를 졸업하는 것이 안정적 삶에 이르는 보다 확실한 방법이라고 생각하기 때문일 것입니다.

반면에 안정적 삶에 이르는 중요한 길목 중 하나인 일자리 찾기는 사정이 나아질 여지가 있습니다. 인구가 줄어들기 때문에 청년들이 일자리를 잡는 것은 한결 수월해질 수 있습니다. 자연스러운 인구감소 덕택에 나타날 수 있는, 찜찜한 위안거리입니다. 하지만 일자리 자체가 줄어들 가능성도 있습니다. 기계가 일자리를 대체해버리는 상황이 올 수 있는 겁니다. 지금도 4차 산업혁명으로 인해 일자리가 감소할 수 있다는 예측이 나오고 있습니다. 반대로, 없어지는 일자리도 있지만 새롭게 생겨나는 일자리도 많을 것이기 때문에 일자리 총량은 늘어나게 된다는 낙관적인 전망도 나옵니다.

소득 불평등은 누그러지기 어려울 것 같습니다. 대기업과 중소기업의 생산성과 임금의 격차는 계속 벌어지고 있습니다. 대기업은 몸집을 점점 불려 가고 있습니다. 이제 지역에서 동네 빵집은 찾아보기 어려워졌고 그 자리에 프랜차이즈 빵집들이 들어서고 있습니다. 플랫폼 기업은 막강한 네트워크를 배경으로 다수의 사업체를 자신의 자기

장으로 끌어들이고 있습니다. 피라미드 구조의 최상층에 자리 잡은 대기업들이 시장을 움켜쥐면 그 밑에 줄줄이 있는 중소기업들은 운신의 폭이 넓지 않습니다. 정규직과 비정규직의 격차도 해소될 전망이 밝지 않습니다.

내 집 마련 전망은 예측하기 쉽지 않습니다. 내 집 마련 가능성은 소득과 집값에 따라 달라지는데, 소득은 일정하게 높아지는 경향이 있지만 집값 변동은 미래를 내다보기 어렵습니다. 하지만 지금도 소득을 차곡차곡 모아 집을 마련하기가 하늘의 별 따기 같은데 앞으로 누구나 쉽게 집을 마련할 수 있는 사회가 실현될 수 있다고 보기는 어려울 것입니다. 더구나 집값은 주기적으로 급등하는 경향이 있다는 점을 고려하면 내 집 마련 기회가 획기적으로 개선될 여지는 크지 않다고 볼 수 있습니다.

불평등의 구조적 요인 이외에 사회심리적 요인은 불평등한 상태가 나아질 전망을 더욱 어둡게 하고 있습니다. 청소 노동자를 고소한 대학생 3명이 내부자에 들어갔을 때 약자를 보는 시선이 바뀌지 않는다면 그 조직에 속한 외부자는 냉대에서 벗어나기 어려울 것입니다. 대학의 서열화에 따른 보상의 차이를 당연한 것으로 여기는 세대가 사회의 주류로 등극할 때의 미래 우리 사회를 생각해 보면, 암울합니다.

그래도 좌절 금지입니다. 우리는 다른 나라는 엄두도 내지 못할 엄청난 일을 이루어왔습니다. 앞으로도 그럴 것입니다.

각자 알아서 잘살면 되지 않나요? – 공공성 바로 세우기

어느 초등학생이 이런 시를 썼습니다.

공짜

박호현

선생님께서 세상에 공짜는 없다고 하셨다
그러나 공짜는 정말 많다
공기 마시는 것 공짜
말하는 것 공짜
꽃향기 맡는 것 공짜
하늘 보는 것 공짜
나이 드는 것 공짜
바람소리 듣는 것 공짜
미소 짓는 것 공짜
꿈도 공짜
개미 보는 것 공짜

선생님의 말씀을 뒤집는 상상력에 감탄이 절로 나왔습니다. 저도 세상에 공짜가 없다고 생각했는데, 이 시를 보고 허를 찔린 것 같았습니다. 생각해 보니 공짜는 진짜로 많습니다. 시에서 나오는 공짜 말고도 빗소리 듣는 것, 별 보는 것도 죄다 공짜입니다. 세상모르는 철부지 초등학생의 동심이라고 치부할 게 아닙니다.

이 시에 나온 공짜는 주로 자연현상입니다. 자연은 공공재입니다. 공공재는 모두가 누릴 수 있습니다. 맑은 공기는 사람을 가리지 않습니다. 우리는 맑은 공기를 마시기 위해 다른 사람과 경쟁하지 않습니다. 내가 맑은 공기를 마신다고 해서 다른 사람이 탁한 공기를 마시는 것도 아닙니다. 사회에도 공공재가 있습니다. 동네 공원에 앉아 친구와 수다 떠는 것은 공짜입니다. 다른 사람도 공원을 이용할 수 있습니다. 지하철 화장실도 공짜로 씁니다. 모든 사람에게 열려 있는 것들입니다.

공공재는 공공성 철학을 반영합니다. 공공성은 사람이라면 모두에게 필요한 일을 개인에게 맡겨 두는 것이 아니라 사회 전체가 해결하는 것입니다. 대표적인 부문이 교육입니다. 교육은 백년지대계百年之大計라고 합니다. 국가와 사회발전의 근본이기 때문에 먼 미래를 내다보고 세우는 큰 계획이라는 뜻입니다. 이렇게 중요한 일을 개인에게 맡겨 두지 않고 사회가 책임지는 것이 공교육입니다.

공교육은 보편적 서비스가 되었습니다. 의무교육이 시행되기 전에는 학교에 낼 등록금이 없어서 배우지 못하는 아이들이 꽤 있었습니다. 이제 고등학교까지는 의무교육이 이루어지고 있습니다. 적어도 고등학교까지는 가정형편에 상관없이 모두가 다닐 수 있습니다. 비록 사교육이 보편적 공교육의 효과를 반감시키고 있지만 말이지요. 의무교육은 세계에서 가장 우수한 학생을 길러내는 데 없어서는 안 될 제도적 토대로 톡톡히 효과를 내고 있습니다. 너무나 당연한 것이 되어 알아채지 못할지라도 공공성에는 이런 힘이 있습니다.

무상급식도 마찬가지입니다. 무상급식의 철학은 내 돈 내서 내가 먹는 것이 아니라 우리 돈 모아서 우리가 먹자는 겁니다. 무상급식은 도입될 당시에는 말이 많았지만 이제 전국에서 시행되고 있습니다. 무상급식은 세상을 바꿨습니다. 그전에는, 부잣집 아이들은 고기반찬을 먹고 가난한 집 아이들은 김치나 단무지만 먹었는데 이제는 학생들이 모두 같은 밥과 같은 반찬을 먹습니다. 급식 노동자가 필요하게 되니 일자리도 만들어졌습니다. 급식의 질이 문제일 것이라고 했지만 친환경 급식으로 해결했습니다. 도시락을 싸느라 아침마다 바빴던 집에서는 시간이 훨씬 여유로워졌습니다. 학부모와 학생 모두 만족도가 높습니다. 이제는 무상급식을 거둬들이자는 목소리는 사라졌습니다.

의료도 공공성이 중요합니다. 우리나라는 국민건강보험에 가입되어 있지 않은 사람이 거의 없습니다. 누구나 아프면 치료를 받을 수 있습니다. 반면에 미국은 민간 보험회사가 의료를 장악해서 의료공공성이 떨어집니다. 마이클 무어 감독의 영화 '식코'를 보면 미국에서 건강보험에 가입하지 못해 제대로 치료받지 못하는 사람이 나옵니다. 미국의 전 대통령 오바마는 우리나라의 건강보험제도를 부러워했습니다. 미국은 의료에 사각지대가 넓기 때문입니다.

공공성이란 바로 이런 것입니다. 학생들이 밥 먹는 일을 각 가정에 맡겨 두는 것이 아니라 공동체 구성원 전체에 해당되는 일이니 사회가 책임지고 해결하는 것입니다. 인재를 길러내는 일도 가정형편에 따라 좌우되도록 내버려 두는 것이 아니라 사회 전체가 팔 걷어붙이고 나서서 의무교육으로 시행하는 것입니다. 누구도 제외되지 않고 아프면 모두가 치료받을 수 있는 환경을 만드는 것이 의료공공성입니다. 사람이 사람답게 살 수 있는 기본적인 조건은 개개인이 아니라 사회가 책임지는 공공성입니다.

공공성은 불평등을 해결하는 데 알토란같은 역할을 합니다. 안정적 생활에 필요한 것들에 접근할 기회를 특정인이 아니라 모두에게 부여하기 때문입니다. 내가 의무교육을 받는다고 다른 사람이 의무교육을 받지 못하는 게 아닙니다. 평등한 세상을 만드는 데 공공성이 중요한 까닭입니다.

주택은 교육이나 의료에 비해 공공성이 좀 약합니다. 집을 마련하는 일에는 각 가정의 경제력이 크게 작용합니다. 내 집 마련이 전 국민적인 로망인 사회이지만 현실적으로 모든 사람이 자가를 소유하기 어렵다면 집 없는 사람들을 위해 공공임대주택을 더 늘려야 합니다. 지금도 공공임대주택을 늘리고 있지만 더 과감하게 확대해야 합니다. 국가나 지방자치단체가 빈집을 사들이거나 새로운 주택을 만들어 서민들이 안정적으로 살 수 있도록 해야 합니다. 사는 곳 걱정이 없어야 사람답게 살 수 있습니다.

근본적인 처방이 있나요? – 희소가치 줄이기

몸이 약한 친구들이 있습니다. 이런 친구들은 병원 신세를 자주 집니다. 약도 먹고 주사도 맞습니다. 그래서 건강이 나아지기도 합니다. 하지만 병원 처방은 근본적인 해법이 아닙니다. 평소에 운동해서 체질을 건강하게 만드는 게 근본적인 해결책입니다.

불평등도 근원부터 치료해야 합니다. 불평등의 뿌리는 희소가치에 있습니다. 하지만 우리는 희소가치를 당연히 주어진 조건으로 받아들이는 경향이 있습니다. 만약 희소가치를 피할 수 없는 것으로 생각한다면 평등을 '누가 더 가져가고 누가 덜 가져가느냐'라는 문제로 좁게 보게 됩니다. 뿌리는 안 보고 잔가지만 보는 겁니다. 희소가치 자체를 줄이는 게 불평등을 해소하는 근본적인 해결책입니다. 대학입시, 취업, 내 집 마련 같은 사회적 희소가치가 배분되는 과정에서 병목현상이 심합니다. 터널을 넓히는 게 중요합니다. 차를 먼저 내민 사람을 비난하지 않고 모든 차가 터널을 통과할 수 있게 2차선 도로를 3차선, 4차선으로 넓히는 겁니다.

의자놀이에서 의자를 늘리면 모두 의자 하나씩 차지하

고 모두가 편안하게 앉게 됩니다. 가상상황에서는 예술고를 많이 만들면 됩니다. 야구장도 더 많이 지어 좌석 수를 늘리면 됩니다. 의사가 되길 원하는 학생이 많으면 의대 정원을 늘리고, 인천공항도 정규직을 더 많이 뽑으면 됩니다. 희소가치가 줄어들면 그만큼 기회는 많아집니다.

교육 부문에서는 명문대가 희소가치입니다. 모든 대학교를 명문대로 만들면 명문대가 사라집니다. 원한다면 모두가 원하는 대학에 들어가 공부할 수 있습니다. 이렇게 되면 시험지 유출사건 같은 것은 발생하지 않을 것입니다. 밤 10시가 되어도 학원가가 불야성을 이루는 일은 없을 겁니다.

좋은 일자리도 많이 만들어야 합니다. 대기업과 중소기업, 정규직과 비정규직의 격차를 과감하게 줄여야 합니다. 일자리 나누기도 좋은 방안입니다. 우리나라는 세계적으로 장시간 일하는 나라에 꼽힙니다. 내부자는 오래 일하는데 외부자는 일이 없다는 것은 일자리라는 희소가치가 고르게 배분되지 않고 있다는 것을 뜻합니다. 일하는 시간을 줄여 일자리를 많이 만들 수 있습니다. 10명이 48시간씩 일하던 것을 12명이 40시간씩 일하면 됩니다. 고용이 안정적 삶에 이르는 중요한 길이라면 그 길에 서

있는 사람이 10명에서 12명으로 늘어납니다.

집도 많이 지어야 합니다. 가구마다 집을 한 채 정도는 갖는 사회가 가장 바람직하겠지요. '내 집 마련'이 쉬워져야 합니다. 현재 무주택 서민이 집을 갖는 방법은 소득을 모아 집 살 돈을 마련하고 모자라면 은행에서 빌리는 것입니다. 이보다 쉽게 집을 마련할 방법이 있습니다. 나라가 가진 땅에 집을 지어 주택만 분양하면, 싼값으로 집을 마련할 수 있습니다. 정부는 현재 이런 식으로 '내 집 마련'의 길을 넓히는 정책을 시행하고 있지만 더 확대해야 합니다.

희소가치를 줄이면 불평등이 낳는 여러 질병을 고칠 수 있습니다. 우리 사회에 횡행하는 제로섬 게임을 플러스 게임으로 바꿀 수 있습니다. 사회적 함정에서 벗어날 수 있습니다. 아웅다웅 다투는 일도 줄어듭니다.

인생의 경로를 다시 설계하는 것도 희소가치의 불평등한 배분을 해소하는 데 도움이 됩니다. 인생에는 때가 있다고 합니다. 공부할 때, 취업할 때, 결혼할 때, 아이 낳을 때 같은 것들입니다. 대학 입학, 취업, 내 집 마련 같은 희소가치가 배분되는 시기가 특정한 시기에 몰려 있습니다. 그러한 '때' 때문에 이렇게 힘들게 살아갑니다. 생애 경로의 유연화와 다양화가 필요합니다. 반드시 고등학교 졸업 시점에만 대학에 갈 필요는 없습니다. 고등학교 졸업하고 바로 취업해서 일하다가 배움이 필요하면 그때 대학에 갈 수 있도록 다양하게 설계할 수 있습니다. '때'를 없애는 겁니다.

하지만 희소가치를 줄이는 데는 한계가 있습니다. 사람들이 선망하는 직업을 원하는 만큼 늘리기는 어렵습니다. 집도 사람들이 살기 원하는 곳에 무한정 짓기는 쉽지 않습니다. 희소가치를 줄이는 노력과 병행해야 할 것이 있습니다.

나라는 무얼 해야 하나요? - 국가의 역할

국가가 하는 일은 자본주의의 변천과 관련이 깊습니다. 자본주의 초기에는, 경제는 시장이 알아서 문제를 다 해결해 주니 국가는 뒷짐 지고 서 있기만 하면 된다고 생각했습니다. 국가는 나라 지키고 도둑만 잡으면 족하다고 여겼습니다. 이런 국가를, 하는 일이 적다는 뜻에서 '최소국가' 또는 밤에 경찰 노릇만 한다는 뜻에서 '야경국가'라고 부릅니다. 국가는 질서 잡기만 하면 된다는 겁니다. 이것이 근대적 국가관입니다.

당시에는 국가의 부당한 간섭에서 해방되는 게 자유라고 생각했습니다. 나라가 내키는 대로 사람을 잡아 가두고 재판도 거치지 않고 형벌을 내리는 일이 흔했습니다. 사람들이 맞서 싸워서 규칙을 만들었습니다. 잘못을 저질렀더라도 일정한 절차를 거쳐야 처벌할 수 있도록 했습니다. 그래서 재판받는 불쾌한 일이 권리로 탄생했습니다. 이런 게 자유권입니다. 신체의 자유, 양심의 자유, 언론출판의 자유 같은 것들입니다. 국가가 무언가를 하지 않음으로써 보장되는 자유입니다.

이렇게 출발한 자본주의는 물질적 풍요를 가져왔습니다. 그러나 동시에 차곡차곡 병이 쌓이기도 했습니다. 실업이나 불평등 같은 것입니다. 가장 심각한 것은 경제위기입니다. 1930년대에는 대공황이 전 세계를 강타했습니다. 시장이 실패한 겁니다. 소소한 시장실패도 있지만 가장 치명적인 시장실패는 경제가 주기적으로 위기에 처하는 것입니다.

시장에 맡기고 놔두자 경제가 망가지는 사태를 경험해 보니 이래서는 안 된다는 반성이 일어나면서 수정 자본주의가 나타났습니다. 국가가 할 일이 많아졌습니다. 국가가 일부러 일자리도 만들고 돈을 걷어 사회보장제도도 만들었습니다. 복지국가가 이때 탄생합니다. 이러다 보니 불평등은 다소 누그러졌습니다.

그러면서 인권 개념도 풍부해졌습니다. 국가가 누구나 사람다운 생활을 할 수 있도록 국민의 생존을 보장해야 한다는 생각이 싹트기 시작했습니다. 이것을 사회적 기본 권, 즉 사회권이라고 합니다. 생존권도 사회권의 한 형태 입니다. 국가가 무언가를 하지 않음으로써 보장되는 권리 가 아니라 국가가 무언가를 해야 보장되는 권리입니다.

하지만 수정 자본주의는 또 다른 문제를 낳았습니다. 불평등은 줄었지만, 돈이 많이 들어가 재정적자가 생기기 도 했습니다. 시장에 대한 정부의 개입이 자원의 비효율 적 배분을 낳는다는 지적이 일어났습니다. 이를 시장실패 와 대비하여 정부실패라고 부르기도 합니다.

수정 자본주의를 다시 수정하려는 시도가 나타났습니 다. 이것이 1970년대부터 번성하여 세계를 휩쓸고 있는 신자유주의neoliberalism입니다. 신자유주의의 요지는 이렇 습니다.

인간은 자신이 원하는 것을 추구할 권리를 가지고 있다. 개인 이 선택할 권리를 최대한 보장해야 창발성이 높아져 혁신이

이루어지고 효율성도 높아진다. 그런데 정부가 뭔가를 하려고
하면 일을 그르친다. 국가가 경제에 간섭하면 행위자의 선택
권을 빼앗고 대부분 이익집단에 이용되거나 정부 권력을 키우
는 데 사용될 가능성이 크다. 따라서 시장의 작동을 제약하는
요인은 과감히 줄여야 한다. 작은 정부가 좋다. 정부의 시장
개입이 줄면 자연스럽게 시장의 자율성이 커지고 경제가 원활
하게 작동한다.

신자유주의는 경제에 시장이 작동하도록 가만히 내버
려 두면 만사형통이라는 생각을 교리로 삼습니다. 시장의
활동을 제약하는 규칙들은 경제의 활력을 떨어뜨리기 때
문에 시장의 행동반경을 최대한 넓혀야 한다고 주장합니
다. 내용은 다양합니다. 규제 완화 혹은 철폐, 노동시장의
유연화, 공기업의 사유화, 복지 축소 같은 것들입니다. 국
가 간 무역에서는 관세장벽이나 비관세장벽을 포함하여
무역을 규제하는 규칙을 걷어내고 자유무역을 하자고 주
장합니다.

신자유주의가 번지다 보니 다시 불평등이 커졌습니다.
시장은 자원을 효율적으로 배분하기도 하지만 불평등을
낳는 경향이 있습니다. 자유가 불평등으로 이어지는 통로

가 넓어지는 것입니다. 우리나라의 불평등이 2000년대 들어 심해진 것도 IMF 외환위기 때 수입된 신자유주의의 영향이 적지 않습니다.

이제 국가가 할 일이 많습니다. 작은 정부가 능사가 아닙니다. 평등은 모두에게 사람다운 삶을 보장하는 것입니다. 국가는 모든 국민이 사람답게 살 수 있는 환경을 만들어야 합니다. 국가는 불평등 청소부입니다. 그래야 합니다.

국가가 평등한 세상을 위해 노력하는 제도들이 있습니다. 우리나라는 현재 대형 마트가 2주에 하루씩 문을 닫습니다. 물론 대형 마트는 하루도 문 닫지 않고 영업할 자유가 있습니다. 대형 마트의 자유는 근처에 있는 전통시장을 위축시키고 전통시장 상인들의 생존권을 위협할 수 있습니다. 자유와 평등이 정면으로 충돌할 수 있겠지요. 대형 마트가 2주에 한 번씩 문을 닫도록 한 것은 대형 마트와 골목상권의 평등을 도모하는 제도입니다. 이 제도는 서로 살자는 상생相生을 취지로 삼고 있습니다.

약자들이 강자와 동등하게 경기를 펼칠 수 있는 환경을 만들면 기운 운동장을 편평하게 다질 수 있습니다. 학교에 항의할 일이 있을 때 교무실에 혼자 가면 무섭습니다. 쭈뼛대는 친구도 있을 것입니다. 여럿이 같이 가면 그래도 좀 낮습니다. 대기업과 중소기업의 관계도 마찬가지입니다. 대기업과 중소기업이 1:1로 거래하면 대기업의 의사가 관철될 공산이 크겠지요. 대기업과 거래하는 중소기업이 하나의 집단을 이루어 공동으로 대기업과 교섭하면 기울어진 운동장을 편평하게 만들 수 있을 것입니다.

최저임금제도가 있습니다. 본래 임금은 사장과 노동자 사이에 자유로운 계약으로 결정됩니다. 배운 것도 변변치 않고 단순한 일을 하는데 사정도 급하면 사장이 제시하는 대로 근로계약서에 도장을 찍게 될 공산이 높습니다. 그것을 제한하는 것이 바로 최저임금제도입니다. 최저임금제도는 임금으로 최소한 이 정도 금액은 주어야 한다고 정하는 겁니다. 만약 최저임금제도가 없으면 인간의 존엄을 훼손할 정도로 임금이 낮아질 수 있습니다. 이렇게 되면 소득이 불평등하게 분배될 것이 뻔합니다. 최저임금제도는 소득 불평등을 누그러뜨리고 있습니다.

최저임금제도를 지역이나 업종에 따라 달리하자는 주장이 있습니다(최저임금 차등화). 만약 그렇게 되어, 서울에서 공장에서 일하면 최소 시간당 1만 원은 받는데 지방 음식점에서 일하면 9천 원을 받는다고 생각해 봅시다. 그렇게 되면 사람들이 서울로 더 몰려 지역 간 불평등은 심각해지고 낮은 최저임금을 받는 사람은 상대적 박탈감이 더욱 심해질 것입니다.

최저임금 차등화와 비슷한 주장이 종종 들립니다. 대형 마트의 영업 제한을 풀자는 요구입니다. 기운 운동장을 편평하게 다지는 것도 모자랄 판에 운동장의 경사를 더 가파르게 하자고 합니다. 강자의 자유는 끝이 없는 모양입니다.

기초생계보장제도 역시 최저임금제도와 비슷한 역할을 합니다. 이 제도는 가구 구성원의 수에 따라 한 달에 얼마를 최저생계비로 정하고 소득이 여기에 미치지 못하는 가구에 생계비를 지급하는 것입니다. 국민기초생활보장제도라고 부릅니다. 말 그대로 국민이면 모두가 인간다운 생활을 보장받아야 한다는 것이지요. 전국에서 230만 명 정도가 받습니다.[47] 대구광역시 인구와 비슷한 수치입니다. 가난한 사람이 그렇게 많다는 뜻입니다.

기초생계보장제도에도 자유가 녹아있습니다. 가난하면 원하는 것을 할 적극적 자유가 제한됩니다. 하고 싶은 일이 있어도 도전하기 어렵습니다. 이 제도는 가난한 사람

---

47 보건복지부, 「국민기초생활보장 수급자 현황」.

에게도 자유를 동등하게 보장하는 역할을 합니다.

그런데 기초생계보장제도는 가난한 사람에게만 지급됩니다. 그러지 말고 묻지도 따지지도 말고 모든 사람에게 달마다 똑같은 금액을 지급하자는 주장도 나오고 있습니다. 바로 기본소득제도입니다.[48] 모두가 자유를 제약하는 요인에서 해방되어 저마다 꿈을 실현하거나 실패를 두려워하지 않고 계속 도전할 수 있는 세상을 만들자는 것이 기본소득제도의 취지입니다. 몇 군데에서 시행하고 있습니다. 경기도 파주시는 농민 1명당 월 5만 원씩 지급하는 농민기본소득제도를 시행하고 있습니다. 기본소득제도에 반대하는 의견도 많습니다. 왜 부자한테도 주느냐, 어마어마하게 들어갈 돈은 어떻게 마련할거냐 같은 문제가 제기되고 있습니다.

국가가 하면 다 되나요? - 모두의 책임

수학여행은 같은 반 학생 모두가 같이 갑니다. 그런데 수학여행에 들어가는 비용은 각자 내야 합니다. 돈을 내

---

48 이선배, 『그건 내 건데』 (내일을여는책, 2022).

지 않으면 즐거운 수학여행을 갈 수 없습니다. 다 같이 돈을 내야 합니다.

자유와 권리에는 의무와 책임이 따릅니다. 모두가 인간답게 사는 세상을 만드는 것은 오로지 국가의 책임만은 아닙니다. 모두의 책임입니다. 알게 모르게 우리는 그 의무와 책임을 지고 있습니다. 대표적인 것이 세금 내는 일입니다. 편의점에서 1,000원짜리 과자를 사면 세금을 내게 됩니다. 영수증을 자세히 보면 과자 가격은 909원이고 세금이 91원입니다. 이게 부가가치세입니다. 부가가치세는 간접세입니다. 과잣값에 세금이 포함되어 있지만 세금을 실제로 내는 사람은 편의점 사장님입니다. 그래서 보통은 자신이 세금을 내는지 잘 모릅니다. 간접세는 부자나 가난한 사람이나 똑같이 냅니다. 매달 100만 원을 벌든 200만 원을 벌든 1,000원짜리 과자 한 봉지를 사면 똑같이 91원을 냅니다.

직접세도 있습니다. 개인이 월급을 받으면 근로소득세를 냅니다. 기업은 법인으로 등록된 경우, 소득이 있으면 법인세를 냅니다. 내야 하는 사람이 직접 내니까 세금을 내는 줄 압니다. 직접세는 많이 버는 사람이 많이 냅니다. 구간을 정해 놓고 많이 버는 사람은 그만큼 더 냅니다. 누진세입니다. 100만 원 버는 사람이 5만 원을 낸다면, 200만 원 버는 사람은 10만 원이 아니라 15만 원을 내는 식입니다.

정부는 이런 세금을 모아 일을 합니다. 도로와 공원도 만들고 길도 정비합니다. 학교도 만듭니다. 고등학교까지는 등록금이 없는데, 이것도 세금으로 운영하는 겁니다. 유럽에는 대학교에도 등록금이 없는 나라가 많습니다. 세금은 이렇게 공공재를 만드는 데 쓰입니다. 공공재가 사람다운 생활을 보장하는 중요한 역할을 하는 데 모두의 책임이 들어가는 것이지요.

그래서 사회의 공공재는 자연이 선사하는 공공재와 다릅니다. 공원에 앉아 친구와 얘기하는 것도, 산책하는 것도 공짜입니다. 지하철 화장실 쓰는 것도 공짜입니다. 하지만 보이지 않게 돈이 들어가고 있습니다. 공원 만들고 산책길 가꾸며 화장실 수리하는 돈은 우리가 모두 내고 있습니다. 여러분이 학교에 다니며 급식을 먹는 것도 마찬가지입니다. 세금 덕택입니다.

우리나라는 세금을 얼마나 낼까요? 국내총생산^{GDP}에서 15% 정도 됩니다. 경제협력개발기구 평균은 대략 22% 정도 됩니다. 세계 최고의 복지국가인 스웨덴은 27% 정도입니다. 우리는 다른 나라에 비해 세금을 **훨씬** 덜 내고 있습니다. 사실은 세금 외에 건강보험, 국민연금 같은 사회보험료도 냅니다. 세금과 사회보험료를 합친 액수를 국내총생산으로 나누면 국민부담률이 됩니다. OECD 회원국의 국민부담률은 다음과 같습니다.

[OECD 회원국의 국민부담률(2020년)]

(단위 : %)

국가	소득 및 이윤세(직접세)	상품 및 서비스세(간접세)	사회보험료	계
덴마크	30.5	14.4	0.1	47.1
프랑스	11.9	12.3	14.8	45.3
스웨덴	15.1	12.1	9	42.3
핀란드	14.7	14.1	11.5	41.8
독일	11.9	9.7	15	37.9
OECD 평균	11.3	10.6	9.2	33.6
일본	10.1	6.9	13.4	33.2
영국	11.5	10	6.7	32.1
한국	8.6	6.8	7.8	27.7
미국	11.7	4.4	6.4	25.8
멕시코	7.6	6.6	2.5	17.8

자료 : OECD

그런데 우리는 세금 내는 걸 아까워합니다. 심지어 나라가 뺏어가는 돈으로 생각하기도 합니다. 요금을 세금으로 잘못 표현하기도 합니다. 전기세, 수도세라는 말이 그렇습니다. 그건 세금이 아니라 사용료입니다. '전기요금' '수도요금'이 정확한 말입니다.

여러분이 나중에 돈을 벌어서 세금을 낸다면 지금보다 적게 내는 게 좋을까요? 아니면 더 많이 내는 게 좋을까요? 아마도 세금을 걷어서 어디에 쓰는지에 따라 달라질 것입니다. 국민의 살림살이를 위해 복지에 쓴다면 어떻겠습니까? 우리나라 국민은 절반 정도는 찬성하고 절반 정도는 반대하는 것으로 나옵니다.[49]

개인의 입장에서 세금을 더 내면 당장 호주머니에 들어올 돈이 줄어드니까 세금을 덜 내는 것이 이득입니다. 단기적으로는 그렇습니다. 그러나 세금을 더 내서 모든 사람이 사람다운 삶에 이르는 길을 넓힌다면 장기적으로 좋은 일입니다. 의무교육이나 무상급식도 이렇게 운영되는 겁니다. 모두가 사람다운 삶을 이루기 위한 증세가 사회적 함정에서 빠져나오는 길입니다. 국가 실패보다는 증세가 저렴합니다.

---

49 한국보건사회연구원, 「한국복지패널조사」.

우리는 무엇을 해야 하나요? – 참여 민주주의

2013년 12월, 어느 대학교 게시판에 대자보大字報, 커다란 벽보
가 붙었습니다.

> ### 안녕들 하십니까?
>
> 88만 원 세대라 일컬어지는 우리를 두고
> 세상은 가난도 모르고 자란 풍족한 세대,
> 정치도 경제도 세상 물정도 모르는 세대라고들 합니다.
> 하지만 1997~98년도 IMF 이후 영문도 모른 채
> 맞벌이로 빈 집을 지키고,
> 매 수능을 전후하여 자살하는
> 적잖은 학생들에 대해 침묵하길, 무관심하길
> 강요받은 것이 우리 세대 아니었나요?
> 우리는 정치와 경제에 무관심한 것도,
> 모르는 것도 아닙니다.
> 단지 단 한 번이라도 그것들에 대해 스스로 고민하고
> 목소리 내길 종용받지도 허락받지도 않았기에,
> 그렇게 살아도 별 탈 없으리라 믿어온 것뿐입니다.
> 그런데 이제는 그럴 수조차 없게 됐습니다.
> 앞서 말한 그 세상이 내가 사는 곳이기 때문입니다.
> 저는 다만 묻고 싶습니다.
> 안녕하시냐고요.
> 별 탈 없이 살고 계시냐고요.
> 남의 일이라 외면해도 문제없으신가,
> 혹시 '정치적 무관심'이란 자기합리화 뒤로
> 물러나 계신 건 아닌지 여쭐 뿐입니다.
> 만일 안녕하지 못하다면
> 소리쳐 외치지 않을 수 없을 겁니다.
> 그것이 무슨 내용이든지 말입니다.
> 그래서 마지막으로 묻고 싶습니다.
> 모두 안녕들 하십니까!

"모두 안녕들 하십니까!"라는 흔해 빠진 말이 묵직한 울림을 줍니다. 불평등이라는 사회적 현실에 구경꾼으로 물러나 있으면 안녕하냐고 묻고 있는 것입니다. 머리띠를 동여매고 학우들에게 사회참여를 촉구하지 않으면서도 차라리 안녕하냐고 묻는 말이 뼈를 때립니다.

현실에 눈감는 것이 편합니다. 세상이 불평등해도 침묵하고 내 살길 찾는 것은 개인적으로 합리적 선택일 수 있습니다. 하지만 사람들이 이렇게 행동할수록 불평등 구조는 견고해질 것입니다. 그러면 우리 모두에게 다시 부메랑으로 돌아오게 됩니다. 감나무 아래에서 입을 벌리고 누워 있다고 감이 떨어지지 않습니다. 누가 감을 따 주겠지 하고, 기다려봐야 소용없습니다. 감을 따러 올라가든지, 감나무를 흔들어야 합니다. 역사적으로 약자들이 가만히 앉아 있어서 이루어지는 것은 없었습니다. 평등한 세상은 저절로 이루어지지 않습니다.

세상을 만드는 것이 정치입니다. 나라의 주인은 국민입니다. 대통령은 머슴입니다. 침묵했던 시민이 정치의 마당에 나타나서 목소리를 높이는 것이 민주주의입니다. 국가는 불평등을 치우는 일에 진심일 수도 있지만 그렇지 않을 수도 있습니다. 국가가 평등한 세상을 만드는 일에 힘을 쓰도록 이끄는 힘은 국민에게서 나옵니다. 국가가 모두가 사람답게 사는 세상을 만드는 일에 게으르다면 국민이 회초리를 들어야 합니다. 이것이 살아있는 민주주의입니다.

민주주의는 국민이 정부를 통제하는 데 그치지 않습니다. 민주주의의 참뜻은 시민이 스스로 나서는 것입니다. 움직임이 있습니다. 청년유니온, 복지국가청년네트워크 같은 청년조직이 결성되어 있습니다. 지역조직도 있습니다. 이들은 청년의 목소리를 담아 현장에서 활동하고 있습니다.

민달팽이라는 청년조직도 있습니다. 2011년 어느 대학에서 대학생 주거 문제에 대처하기 위해 결성되었습니다. 이후 청년의 주거 문제를 다루는 대표적인 시민단체로 성장했습니다. 민달팽이주택협동조합도 만들어 '달팽이집'을 직접 운영하기도 합니다. 이 조직의 활동에 영향을 받았는지, 국가는 물론 지방자치단체들도 청년 주거 문제를 해결하겠다고 나서고 있습니다. 민달팽이주택협동조합은 조직을 이렇게 소개합니다.

주거 문제, 청년이 모여 해결합니다

주거 문제의 당사자
턱없이 부족한 '공공임대 주택'
집주인, 공급자 중심의 '민간 주택 시장'
'높은 임대료', '열악한 주거환경' 그리고 '고립'까지.
집이 없는 달팽이인 민달팽이, 우리는 민달팽이 세대입니다.

당사자가 직접 시도합니다
혼자서는 시도하기 어려운 주거 문제를
당사자인 청년이 해결해보고자 합니다.
주거 문제, 청년이 모여 해결하자는 마음으로
2014년 3월 민달팽이주택협동조합을 설립하였습니다.
그렇게 2014년 5월 달팽이집 1호를 시작으로
18번째 달팽이집까지
'주택의 비영리 공급', '비영리 주택의 지속가능성',
'안전망의 가능성'을 확인하고 있습니다.

느리더라도 꾸준히 나아갑니다
민달팽이주택협동조합은
사회적 경제 주체로서의 역할을 해나가겠습니다.
'경쟁보다는 협동을', '갈등보다는 상생을' 위해
느리지만 분명한 변화를 이어 나가겠습니다.

평등한 세상을 그려 봐요!

　현실을 뛰어넘는 도발적 상상력이 민주주의의 연료입니다. 주변의 일에 나서는 것이 민주주의의 출발점입니다. 그렇게 시작하면 사회는 바뀝니다. 이것이 민주주의의 힘입니다. 우리는 그렇게 세상을 바꿔왔습니다. 그 민주주의의 힘으로 평등한 세상을 그려볼 차례입니다.

　평등 사회는 희소가치가 고르게 배분되어 누구나 인간적인 삶을 누릴 기회를 가지고 실제로 인간답게 살아가는 사회입니다. 내부자와 외부자가 따로 없습니다. 고등학교 졸업자도 대학교 졸업자도, 정규직도 비정규직도, 남성도 여성도, 아이와 청년과 장년과 노인도, 집이 있는 사람도 없는 사람도, 서울에 사는 사람도 지방에 사는 사람도 모두 사람답게 살아갑니다.

　평등한 세상에는 불평등은 피할 수 없다는 생각이 사라집니다. 너와 나의 선을 가르지도 않습니다. 서열문화도 희미해집니다. 시험 잘 치는 사람만이 아니라 저마다 가진 역량을 마음껏 발휘합니다. 개인적 수월성이 아니라 사회적 수월성을 갖춥니다. 기득권을 지키려 해도 온몸으로 지켜낼 기득권이 별로 없습니다.

평등한 세상이 되면 우리나라가 바뀝니다. 승자독식 사회에서 모두가 골고루 잘사는 사회로, 동맥경화 사회에서 맑은 피가 흐르는 사회로, 균열 사회에서 통합 사회로, 시간 부족 국가에서 시간 풍족 국가로, 관용 결핍 사회에서 너그러운 사회로, 불신 사회에서 믿음 사회로, 뺄셈 사회에서 덧셈 사회로, 배척 사회에서 포용 사회로, 희망 빈곤 사회에서 모두가 꿈꾸는 사회로, 불행한 선진국에서 행복한 선진국으로, 늪에 빠진 사회에서 족쇄를 걷어낸 사회로, 성공하지 못하는 나라에서 성공하는 나라로 변합니다. 사는 게 신바람 나겠지요.

평등한 세상에서는 누구나 밀림의 승자가 되고자 하는 것이 아니라 누구나 승자가 됩니다. 게임의 규칙이 제로섬 게임에서 플러스섬 게임으로 바뀝니다. 똑똑한 바보가 아니라 묵묵한 현자들이 많아집니다. 개인의 합리성도 좋지만, 사회적 합리성이 높아집니다.

평등한 세상은 어떤 모습일까요? 지금부터 공상 소설 같은 이야기를 한 편 늘어놓겠습니다.

고등학교를 졸업하고 세 명 중 한 명은 곧바로 취업합니다. 재수생은 별로 없습니다. 꼭 대학에 가야겠다고 결심한 학생만

재수합니다. 고졸자나 대졸자나 받는 월급은 비슷비슷합니다. 대학에 다니는 동안 쌓은 지식과 고졸자로 일한 기간에 쌓은 경력은 동급입니다.

고등학생 세 명 중 두 명은 대학에 들어갑니다. 수능은 자격시험일 뿐입니다. 대학에서 공부할 기본적인 역량만 측정합니다. 일정한 점수만 넘으면 대학에서 공부할 자격을 인정합니다. 대학 등록금은 없습니다.

대학은 전국에 하나뿐인 한국대학교입니다. 전국에 흩어져 있는 캠퍼스를 제1캠퍼스, 제2캠퍼스, 제3캠퍼스 등으로 부릅니다. 교수들은 모두 교육공무원입니다. 5년 단위로 각 캠퍼스에서 돌아가면서 학생을 가르칩니다. 학생은 1년간 정해진 캠퍼스 없이 전국 아무 캠퍼스에서나 수강할 수 있습니다. 2학년 올라갈 때 전공을 선택합니다. 학과별 정원은 따로 없습니다. 최소한의 학점에도 미치지 못하는 학생 말고는 원하는 학과에 모두 들어갑니다.

전공 과정은 엄격하게 운영합니다. 전공과목의 반은 전임 교수가 맡고 나머지 반은 현장경험이 풍부한 실무자가 맡습니다. 문학계에서 인정받는 문인, 연기에 내공이 쌓인 연극배우, ○○전자 회계관리팀장, 소프트웨어 개발자 등이 대학교수로 강단에 오릅니다.

현장 실무자로 강단에 올랐던 기업의 경력자는 눈여겨 보아온 학생을 기업으로 데려갑니다. 이런 경로를 통해 취업하는 경우가 20% 정도 됩니다. 그렇지 않은 경우에는 현재와 같은 방식으로 취업합니다. 약 60% 정도 됩니다. 나머지 20%는 취업에 성공하지 못합니다.

미취업 졸업자는 국가가 일정 기간 채용합니다. 국가는 일할 장소와 내용을 지정합니다. 실용음악을 전공한 학생은 화요일과 목요일 저녁 7시부터 9시까지, 토요일과 일요일은 오후 3시부터 9시까지 덕수궁 돌담길에서 시민들에게 노래를 들려줍니다. 이렇게 일하는 동안에 이들 중 일부는 오디션에 합격해서 소속사가 생깁니다.

매주 월요일부터 목요일까지 일하고 금요일부터 일요일까지 주말입니다. 주말에는 가족과 여행을 갑니다. 뮤지컬 배우를 꿈꾸었던 학생 A와 B는 직장인 뮤지컬 동호회에 들어가 연말에 열릴 소공연에 대비해 연습합니다. 유명한 뮤지컬 배우가 된 학생 C가 총감독입니다.

거처가 마땅치 않은 사람은 누구나 공공임대주택에 살 수 있습니다. 임대주택에서 사는 동안 돈을 모아 전세로 옮깁니다. 전세 사는 동안 연애하고 결혼해서 아이를 낳습니다. 다시 돈을 모아 집을 마련합니다. 그 집은 온전히 자기 집은 아닙니다. 집값이 1억 원이면 5,000만 원은 자기가 내고 5,000만 원은 토지주택공사의 몫입니다. 사는 동안 5,000만 원을 토지주택공사에 내면 자기 집이 됩니다.

그렇게 직장 다니면서 살다가 스스로 뒤처진다는 느낌이 듭니다. 더 공부하고 싶어집니다. 고졸자는 대학에, 대졸자는 대학원에서 공부하고 싶습니다. 회사에 휴직계를 냅니다. 회사에 다닐 때만큼은 아니지만 고용보험에서 나오는 학비지원과 모아둔 돈으로 대학이나 대학원 과정을 마칩니다. 그 후에 회사에 복직합니다.

회사에 다니다 나이가 들어 은퇴합니다. 은퇴해도 오전 3시간 정도는 일하면서 제2의 인생을 엽니다. 월급은 줄어들어도 연금을 합쳐 넉넉히 살아갑니다. 오후에는 마을에 있는 체육시설에서 게이트볼을 합니다. 간혹 결혼한 자녀가 낳은 손자와 손녀를 돌보는 노인도 있습니다. 산 너머 뉘엿뉘엿 지는 해를 눈에 담으며 하루를 마감합니다.

꿈같은 얘기로 들릴 것입니다. 얼토당토않은 얘기로 들릴 수 있다는 것을 알면서도 '아무말 대잔치'를 펼쳐 보았습니다. 누군가는 당장에 그것이 가능하냐고 반문할 것입니다. 맞는 말입니다. 유토피아 같은 세상입니다. 유토피아는 현실에 없는 세상입니다. 그런데 지금 우리가 누리고 있는 풍요도 과거에는 상상하기 어려웠습니다. 집집마다 자동차 1대씩 가지는 세상은 꿈이었습니다. 유토피아는 지향점입니다. 지향점에 한발씩 다가설수록 유토피아는 현실에 가까워집니다.

현실적 유토피아를 그려야 합니다. 상상력까지 검소해지면 현실적 유토피아는 멀어집니다. 누구나 사람답게 사는 세상, 모두가 당당하게 꿈꾸는 세상이 현실적 유토피아입니다. 이 소설 같은 이야기는 제 소박한 상상력의 결과일 따름입니다. 상상력은 모두에게 있습니다. 다른 세상도 얼마든지 그려볼 수 있습니다.

붓을 들고 새하얀 도화지 앞에 앉았다고 생각해 봅시다. 상상의 나래를 펼쳐 형형색색 물감으로 새로운 세상을 그려봅시다. 여러분은 어떤 세상에서 살고 싶나요? 여러분의 현실적 유토피아는 무엇인가요?

⚗ 나오는 말

평등을 주제로 청소년이 읽을 법한 책을 내자는 제안을 받고 한참 망설였습니다. 대학생이나 성인을 독자로 삼는 글은 좀 써봤지만, 청소년이 이해하기 쉽게 쓸 자신이 없었기 때문입니다. 그래도 평등이 워낙 중요한 주제이고 내일의 주인공에게 건네고 싶은 말도 있어서 연필을 쥐었습니다.

책을 쓰면서 글쓰기는 즐거운 고통이라는 것을 또다시 느꼈습니다. 나름대로 소명 의식을 가지고 글을 쓰는 건 기쁜 일이었습니다. 하지만 이미 머릿속에 들어찬 개념들로 이야기하는 방식에 익숙해진 터라 청소년이 알아듣기 쉽게 쓰는 건 쉽지 않았습니다. 어느 날 버스를 타고 지나가는 길에 어느 학원에 쓰인 문구가 눈에 들어왔습니다.

쉽게 설명할 수 없으면 제대로 아는 게 아니다.

거울을 들여다보았습니다. 평소 현실과 동떨어진 개념이나 이론은 허상이라는 생각을 하고 있었습니다. 그런데 막상 평등을 쉽게 쓰려고 하니 막히는 곳이 한두 군데가 아니었습니다. 제대로 아는 게 별로 없었던 겁니다. 내공이 부족했던 탓이지요.

부족한 내공을 채우려고 중고등학교 교과서를 들춰 보았습니다. 그러나 큰 도움이 되지는 않았습니다. 중학교 교과서는 평등이나 불평등을 많이 다루지 않았고 다루더라도 용어를 해설하는 데 그쳤습니다. 고등학교 교과서는 이해하기 어려운 학자들의 주장을 풀이하는 데 많은 부분을 할애했습니다. 평등을 현실감 있게 생각하기에는 부족하다는 느낌을 받았습니다.

학생들이 많이 읽는다는 『정의란 무엇인가』도 펼쳐 보았습니다. 마이클 샌델Michael Sandel은 대학원에서 이미 배웠지만 책이 번역되어 반가웠습니다. 이 책은 공정과 정의에 배고픈 한국에서 신드롬을 일으켰습니다. 누구나 한번쯤 들어 보고 지나쳤을 법한 공정과 정의를 성찰하고 있으니 정말 고마운 책입니다. 그런데 그 책도 큰 도움이 되지는 않았습니다.

　이유가 있습니다. 그 책은 처음에 폭주하는 전차와 아프가니스탄에 파병된 미군의 사례를 들어 도덕적 딜레마를 끄집어냅니다. 극단적인 선택의 상황을 출발점 삼아 논의를 이끄는 것은 효과적인 방법입니다. 이런 상황이 실제로 벌어지기도 합니다. 1968년 1·21사태 때 김신조 등 북한의 무장 공비는 남한에 침투했다가 나무하러 온 우 씨 4형제를 풀어주고 난 후 이들의 신고로 이동 경로가 드러났습니다. 미군 병사와 똑같은 상황이었던 겁니다. 그러나 샌델도 밝혔듯이 이런 극한적인 도덕적 딜레마 상황에 직면하는 경우는 흔치 않습니다. 더구나 한국인 대부분은 도덕적으로 핵무장을 한 사람들입니다. 공분으로 가득 찼던 광화문광장은 촛불집회가 끝난 후 무슨일 있었냐는 듯 깨끗합니다.

　정의는 한국의 맥락을 놓고 말해야 한다는 생각이 들었습니다. 윤리 의식이 투철한 한국인이 매일 직면하는 세상은 도덕적 딜레마보다는 치열한 생존 투쟁 상황입니다. 극한적인 생존 투쟁에서 벗어나 있는 사람은 거의 없습니다. 한국인의 삶을 휘감고 있는 건 '무엇이 선善이냐'라는 문제보다는 '무엇이 생존이냐'라는 문제입니다.

우리나라에서 정의는 윤리의 문제보다는 생존의 문제로 바라볼 때 피부에 와 닿겠다 싶었습니다. 그래서 한국이라는 맥락을 넣고 구체적인 상황이나 이야기 중심으로 글을 엮었습니다. 어려운 개념, 통계, 그래프는 꼭 넣을 것만 남겨두고 많이 버렸습니다. 덕분에 분량도 처음보다 크게 줄었습니다.

책에 대한 평가는 독자 여러분의 몫입니다. 그래도 나름대로 쉽게 읽힐 수 있게 애썼습니다. 이 과정 자체가 글쓴이에게는 또 다른 공부였습니다. 공부를 하게 해준 고마운 분들이 있습니다. 출판을 제안해주신 내일을여는책 김완중 대표님과 김세라 기획실장님께 감사드립니다.

쓰는 과정에서 여러분의 도움을 받았습니다. 교육과 관련된 자료를 찾아 준 한국교육과정평가원 황소리 연구원에게 고마움을 전합니다. 초고를 쓰고 나서 쉽게 읽히는지 궁금해서 남양주시 호평중학교 이소윤 선생님께 도움을 요청했습니다. 선생님은 건설적인 논평을 해주시는 한편 학생들과 이야기 나눌 수 있는 자리도 마련해 주셨습니다. 출판 전 원고를 읽은 이원경, 이하음, 황태윤 세 학생은 소중한 조언을 해주었습니다. 이 책에는 선생님과 학생의 논평이 스며들어 있습니다. 고맙습니다. 두 번째 독자는 가족이었습니다. 고단한 일상을 참아내며 묵묵히 응원해 준 아내와 불쑥불쑥 건네는 아빠의 토론 제의에 흔쾌히 응하고 초고를 논평해 준 딸에게도 고맙고 미안한 마음입니다.

미안하고 안쓰러운 마음은 미래 세대로도 향합니다. 우리나라를 공정, 정의, 평등에 목마른 사회로 만든 사람은 바로 저의 세대입니다. 후속 세대에게 빛이 아닌 빚을 물려주었습니다. 제가(저의 세대가) 불평등한 세상을 만들어 놓고 후세에게 살기 좋은 세상을 만들어가자고 제안했습니다. 가해 세대가 피해 세대에게 공자님 말씀 같은 조언을 늘어놓은 꼴입니다. 청소년은 꿈을 먹고 자라는 나무라고 합니다. 꿈에 생채기 내는 세상을 만들어 놓고 평등한 세상을 함께 만들어보자고 말하니, 도둑놈 심보가 따로 없습니다. 이런 게 위선이다 싶었습니다. 이것이 책을 쓰는 내내 저를 괴롭혔습니다.

그래도 고해성사를 담은 책을 내놓는 편이 조금이나마 빚을 갚는 길이라고 생각했습니다. 희망도 있습니다. 저는 첫 번째 독자인 호평중학교 학생들의 반짝이는 눈에서 미래를 발견했습니다. 세상이 불평등하다는 문제의식을 또렷이 가지고 있었습니다. 세상을 바꾸겠노라고, 그러기 위해 정치인이 되겠다는 친구도 있었습니다. 그렇다면 실생활을 바꾸는 데서 출발하는 게 좋다고 조언했습니다. 그렇습니다. 세상을 바꾸는 일은 다른 누구 아닌 우리의 몫입니다. 세상은 그렇게 바뀌어 왔고, 앞으로도 그럴 것입니다. 갖가지 나무와 풀들이 함께 어울려 살아가는 숲을 가꾸는 것도 우리가 할 일입니다.